Anna C. Paul (Hg.)

Super (Hairy) Woman*

Erfahrungsberichte im Zeitalter der Haarlosigkeit

Anna C. Paul, Jg. 1992, ist Script-Supervisorin und Körperhaaraktivistin. Ihr erstes Buch »Super(hairy)woman*« setzt sich mit der Stigmatisierung von weiblicher Körperbehaarung auseinander. Lange selbst geplagt von der Enthaarungsnorm und dem idealisierten Frauen*bild, war Anna stetig auf der Suche nach Sichtbarkeiten von Körperhaaren als Form von Weiblichkeit*. Da sie jahrelang keine fand, entschloss sie sich, selbst für Sichtbarkeit zu sorgen. Sie hörte mit den Enthaarungspraktiken und Versteckspielen auf und fing an, ihre Haare zum Thema zu machen. Dadurch bemerkte sie, wie belastend die Anforderungen an einen haarlosen Körper auch für die meisten anderen Frauen* sind und wie heilsam es sein kann, darüber zu sprechen. So entstand die Idee zu Super(hairy)woman*, einem Projekt, das sie seitdem mit größter Leidenschaft verfolgt.

1. Auflage Oktober 2021
ISBN 978-3-95575-158-6

Lektorat: Jonas Engelmann
Titelcoverillustration und -layout: Moni Port
Gestaltung und Satz: Oliver Schmitt
Druck und Bindung: Himmer GmbH Druckerei, Augsburg

Ventil Verlag, Boppstraße 25, 55118 Mainz
www.ventil-verlag.de

Inhalt

Frauen*/Männer*
Ich möchte gerne alle Geschlechtsidentitäten ansprechen. Um die Hintergründe der Enthaarungsnorm herauszustellen, gehe ich jedoch oft auf die Unterschiede im binären Geschlechtsmodell »Frau/Mann« ein, da dieses Modell in unseren Köpfen noch tief verankert ist und sich auch aufgrund dieser Verankerung einiges ableiten lässt. Um andere Identitäten nicht auszuschließen, setze ich ein Sternchen hinter die Geschlechtsbezeichnungen »Frau« und »Mann«, was bedeutet, dass darunter auch Personen fallen, die zwar als weiblich oder männlich gelesen werden, sich selbst aber anders identifizieren. Dies mache ich auch bei allen Personen des öffentlichen Raumes oder Menschen, denen ich begegnet bin und deren Identität ich nicht sicher weiß. Es bleibt anzumerken, dass dies meine Art zu gendern ist. Andere Autor*innen in diesem Buch nutzen ihre eigenen Genderformen.

Auf der Suche nach Bildern: Von der Sichtbarkeit des Unsichtbaren

Wenn du dich selbst in der öffentlichen Welt nicht wiederfindest,
dann fühlst du dich, als ob du nicht existierst.
– Petra Collins

Ich sitze auf dem Bahnsteigboden an eine Laterne gelehnt, die mir kaum Schatten spendet. Es ist heiß und der Bahnsteig voll. Die kühleren Plätze unter dem Dach sind bereits belegt, was einige Menschen nicht davon abhält, an mir vorbei in Richtung des Unterstands zu strömen, in der Hoffnung, noch etwas Schatten abzubekommen.

Vor meinen Augen tummeln sich viele nackte Beine, die von der Sonne beschienen werden, und ich komme nicht umhin, sie anzuschauen. Es zeigen sich Beine vieler Formen und Hauttöne. Doch eines haben sie gemein: Sie zeigen mir sofort, welches Bein als »weiblich« und welches als »männlich« gilt – betrachtet unter unserem gesellschaftlichen Blick. Ein Blick, den auch ich verinnerlicht habe. Die Beine der als männlich gelesenen Personen haben fast immer Haare, während sich die Beine der Frauen* ausschließlich glatt und haarlos präsentieren. Ein Erkennungsmerkmal, das zuverlässig scheint.

Ich habe mich an dieses Bild gewöhnt. Es ist schließlich überall zu sehen. Und seit meiner späten Kindheit, seit ich an mir selbst Haare finde, fällt es mir auf. Ich wundere mich, warum dieses Bild so unumstößlich ist, warum ich nichts anderes finde als haarlose Frauen*körper. Als wäre es ein Gesetz, dass Frauen* keine Haare haben. Ein Gesetz, das sich schon früh in meinem Kinderkopf verfestigte, während ich mir über den neuen Flaum an meinen Beinen strich. Wenn ich mal als eine Frau* gesehen werden will, gelingt mir das nicht mit flaumigen Beinen. Dieser Gedanke kam mir damals ganz selbstverständlich vor. Was mich hingegen zur Frau* macht, ist der Akt der Rasur, das machen schließlich alle so. Ich betrachtete die Enthaarung wie einen Vertrag mit dem Frau*sein, den ich sofort unterschrieb. Dass es nicht einfach sein würde, diesen Vertrag zu erfüllen, merkte ich bald. Dass ich aus dem Vertrag nicht mehr herauskam, auch.

Mit den steigenden Anforderungen an mein Bild von Weiblichkeit* wurde mir schnell klar: Ich habe ein Problem mit Enthaarung. Ein Problem, das so trivial scheint und so einfach zu lösen ist: Ich brauche nur mit meinem Rasierer kurz über meine Haut zu fahren, schon bin ich es los. Klar.

Seitdem suche ich nach Haaren. Ich suche nach dem, was ich an mir selbst ständig sehe. Vor allem aber suche ich nach einer Komplizin*, einer, die versteht, warum ich an diesem heißen Tag Leggings trage. Alles, was ich sehe, sind Frauen*, die wunderbar mit den Vertragsvereinbarungen klarkommen – alle scheinen unterschrieben zu haben. Tag für Tag, sei es real auf der Straße oder abgelichtet auf Fotos oder in Filmen, begegnen sie mir und machen sichtbar, was unsichtbar ist, als gäbe es überhaupt kein Problem. Und ich gehöre zu ihnen. Ich bin selbst eine Komplizin, nur für das andere Lager. Ich zeige meine Beine nur, wenn sie glatt und haarlos sind. Dasselbe gilt für Achseln, für meine Füße, Brüste, meinen Bauch, meine Leiste. Sind sie nicht glatt und haarlos, gibt es diese wunderbare Erfindung Klamotte, die ich nutze, um meine Behaarung unsichtbar zu machen.

Und so sitze ich in meinen Leggings in der Hitze auf dem Bahnsteig und schaue zwischen Beinen und meiner Armbanduhr hin und her. Seit über einer Stunde warten wir kollektiv auf den Zug, der wenige Haltestellen vor uns feststeckt. Die angesagte Verspätung nimmt immer weiter zu. Ich werde etwas unruhig, sollte meiner Oma Bescheid geben, die ich besuchen fahre. Doch mein Handyakku ist leer. So langsam wird die Verspätung groß genug, dass sie sich Sorgen machen wird.

Ich stehe auf und sehe mich um. Zwei Frauen*, die ebenso auf dem Boden sitzen, spreche ich an. Ich erkläre ihnen die Situation und frage, ob ich meine Oma von einem ihrer Handys aus anrufen dürfe.

»Klar.«

Eine der Frauen* dreht sich zu ihrer Tasche, die in ihrem Rücken steht und dabei rutscht ihre luftige, dünne Hose hoch. Sie macht keine Anstalten, sie wieder runter zu ziehen. Entblößt wird ein vollständig behaarter Unterschenkel mit langen, dunklen Haaren. Haare, wie ich sie kenne, strubbelig und ausgewachsen, so wie sie auch unter meinen Leggings versteckt sind. Ich versuche, mir meine Irritation und Freude nicht anmerken zu lassen und rufe meine Oma an. Im Nachhinein ärgere ich mich, meine Komplizin* nicht darauf angesprochen zu haben.

Dies geschah 2018. Die Frau* am Bahnsteig war die erste von drei Frauen*, die ich in dem Jahr mit ihrer Körperbehaarung gesehen habe. Drei Frauen* von wie vielen, die ich insgesamt in einem Jahr zu Gesicht bekomme? Die Quote ist beeindruckend niedrig. Jede einzelne Frau* fiel mir dabei sofort auf. Ein Jahr später verdoppelte sich die Zahl. Fortschritt oder Zufall?

In unserem Alltag werden wir überflutet von Bildern, wir sind an Gewalt, pornografische Inhalte und offenen Sexismus gewöhnt. Nackte Haut begegnet uns überall. Haare auf dieser Haut eher keine. Es ist beachtlich, wie selten wir sie in der Öffentlichkeit zu Gesicht bekommen.

Im Schutz des Internets sieht das manchmal anders aus. Wenn wir danach suchen, können wir mittlerweile unter Hashtags wie *#januhairy* oder *#LesPrincessesOntDesPoils* fündig werden. Dort präsentieren sich Frauen*, die ihre Arme in die Höhe strecken, um demonstrativ ihre Achselhaare zu zeigen. Gehen wir raus auf die Straße, bleibt das Bild doch sehr einheitlich: glatte Beine, nackte Achseln, Oberlippen schattenlos. Andere sichtbare Körperteile wie Bäuche, Zehen, Hände, Nasen, Ohren sind ebenso in den meisten Fällen von auffälligen Haaren befreit. Lediglich Arme scheinen einigermaßen okay mit ein paar Haaren zu sein, aber auch hier, na klar, viele haarlos.

Schlagen wir ein Modemagazin oder irgendeine andere Zeitschrift auf, sind Körperhaare an Frauen* nicht zu finden. Außer, um sie zu kommentieren. Wenn irgendwo ein Haar gefunden wird, wird sich medial gleich darauf gestürzt und es wortwörtlich zerrissen. Damit es wieder verschwindet, logisch. Aber der Rest der Person, was sie* gerade macht oder denkt, verliert in dem Fall an Bedeutung. Es geht dann immer um das Haar.[1] Bei mir ja auch, auch mir fällt meine Komplizin* direkt auf und ich möchte sie am liebsten darauf ansprechen. Sie ist eine Sensation in meinem Kopf und ich bewundere sie, als wäre sie einzigartig, als wäre sie die einzige Frau*, die Haare hat. Dabei ist sie die einzige Frau*, die ich in dem Moment sehe, die Haare *zeigt*. Und das macht sie zur Sensation.

Bilder von behaarten Frauen* fehlen. Als gäbe es sie gar nicht. Sie werden maximal im Kontext der 68er verortet und nach diesen auch benannt, wie die Bezeichnung »70er-Jahre-Busch« als Synonym für eine ausgewachsene Vulvabehaarung zeigt. Sie erlebt angeblich ein Revival, was sich daran zeigen müsste, dass am Strand und im Schwimmbad aus den Bikinihosen Haare wuchern. Sehen wir das? Also ich nicht. Was Autor*innen damit meinen, wenn sie vom heutigen »70er-Jahre-Busch« schreiben, ist ein gut zurechtgestutztes Dreieck, das gänzlich in der Unterhose verschwindet. Alles andere wäre schließlich »eklig«, »unzivilisiert«, »unweiblich«.

Überhaupt gibt es für Haare an Frauen*körpern in der medialen Welt (und dabei spreche ich vom Mainstream, denn wenige Ausnahmen existieren) keine guten Worte. Sie dienen als Witze in Filmen, Sketchen und Co. Es scheint, um Frauen* zu beleidigen oder zu degradieren, reiche es, sie einfach als besonders haarig darzustellen. Eines der zahllosen Beispiele dafür findet sich in der Serie *Haus des Geldes*, als die Protagonistin* Tokio ihrem Kollegen* Palermo nach einem Unfall Glassplitter aus den Augen ziehen will. Ungläubig ob ihrer Fähigkeiten, unterstellt Palermo ihr, sie würde dafür dieselbe Pinzette nehmen, die sie auch zum Herauszupfen ihres »Busches zwischen den Beinen« nutzen würde. Dieser Kommentar trifft Tokio so stark, dass sie ihm sofort ihre Pistole in den Mund steckt und diese erst wieder zurückzieht, als er versichert, sie habe bestimmt eine »Aprikose, die seidenweich ist«.[2]

Auch, um Frauen* als besonders unattraktiv oder als lesbisch darzustellen, werden Körperhaare eingesetzt. Hier ein Beispiel aus der Serie *Die Simpsons*, in der Patty Bouvier, die sich als Lesbe outet, sowie ihre Zwillingsschwester Selma immer wieder »durch Lächerlichkeit gekennzeichnet« werden[3]: In einer Folge wird ein Schiff voller Männer* von Sirenengesängen zu einer Insel gelockt. Zunächst betört von den Stimmen sorgt die Darstellung der Sirenengestalten dafür, dass die Männer augenblicklich und überspitzt panisch das Weite suchen. Zu sehen waren die zwei Schwestern in aufreizender Pose und kurzer Kleidung – neben dem Gesang eine für Sirenen typisch sexualisierte Darstellung. Dazu rauchten sie jedoch und wurden mit auffallend haarigen Beinen abgebildet, um jegliche Anziehungskraft verpuffen zu lassen.[4]

Wenn Körperhaare sichtbar werden, werden sie meist in einen negativen Kontext gesetzt. Entweder von denen, die sie zeigen, oder durch die Bewertung anderer. Dabei werden Haare an Frauen*körpern manchmal sogar einer regelrechten Zensur unterzogen. Auf

Social-Media-Portalen wie *Instagram* wird das immer wieder deutlich. Ebenso wie Bilder von weiblichen* Brustwarzen, werden Bilder von weiblicher* Körperbehaarung zum Teil als sexualisiert eingestuft und gelöscht. In ihrem Buch *Pics or it didn't happen* haben die Künstlerinnen* Arvida Byström und Molly Soda Fotos zusammengestellt, die von *Instagram* entfernt wurden, darunter auch Bilder von haarigen Körperteilen.[5] Eine Frau*, die ihren Unterkörper zeigt, mit Haaren, die aus dem Slip wachsen, ist scheinbar obszön. Eine besonders laszive Pose braucht es dafür nicht. Fotos von Frauen*, die ihren Unterkörper bewusst sexualisiert präsentieren, ohne dass Haare aus ihrem Slip wachsen, gibt es zuhauf auf *Instagram*, ganz unzensiert. Auch sichtbare Körperhaare erfahren nicht gleich automatisch eine Zensur, aber sie werden in den wenigsten Fällen einfach so akzeptiert. Stattdessen werden sie immer wieder zum Grund genommen, die Frauen*, die sie zeigen, zu degradieren: Als Byström beispielsweise 2017 für eine *Adidas*-Kampagne fotografiert wurde, wurde sie* in erheblichem Umfang beschimpft und erhielt Vergewaltigungsdrohungen, weil auf den Bildern ihre Beinhaare zu sehen waren.[6] Beleidigende Kommentare scheinen unvermeidbar, wenn Frauen* ihre Körper zeigen wollen, unverändert, wie er*sie[I] ist.

Körperbehaarung bei Frauen* ist ein vielfach bewertetes, aber wenig diskutiertes Thema. Es wird dem Feminismus zugeschrieben, kommt in dem Zusammenhang aber nicht gut weg. Das häufig benannte Stereotyp der »unrasierten Feministinnen« wertet haarige Frauen*körper und das Streben nach Gleichberechtigung gleichermaßen ab. Es zeichnet sich durch besonders radikales Verhalten aus, symbolisiert durch unrasierte Körperteile – beides Aspekte, die mit dem gängigen Weiblichkeits*bild nicht konform gehen und dadurch negativ bewertet werden. Radikalität wird nun mal vornehmlich Männern* zugesprochen, ebenso wie Behaarung als eindeutig maskulin gilt. Weil Frauen* haben ja keine Haare. Heißt es. Aber wir haben sie. Sie wachsen auf unserem Kopf, in unserem Gesicht, der Nase, den Ohren, dem Kinn, der Oberlippe, auf der Brust, im Nacken, auf dem Rücken, unter den Armen, auf den Armen, auf den Händen und Fingern, am Bauch, auf der Vulva, am After, am Po, an den Beinen, Füßen und Zehen. Frauen* haben fünf

[I] Inspiriert von Autorin* Kerstin aus diesem Buch möchte auch ich Körper nicht als ausschließlich männlich* assoziieren, weswegen ich ein er*sie Pronomen wähle.

Millionen Haarfolikel an ihrem Körper, genauso viele wie männliche*, trans*, inter* und nicht-binäre Menschen. Auch Affen wachsen in etwa so viele Haare, ihre unterscheiden sich lediglich in der Dicke und Ausprägung von unseren.[7] Jeder Mensch ist unterschiedlich, aber wir besitzen alle dieselbe Anlage, haarig zu sein. Unsere Haare werden nur unterschiedlich bewertet, je nachdem, welches Geschlecht uns zugeordnet wird.

»[W]as ist denn so überaus männlich an einem Bart, wenn auch Frauen ihn besitzen können«, wird in dem Buch *Die enthaarte Frau* gefragt.[8] Herausgeberin* ist Margitta Staib, die zuweilen einen Vollbart trägt. Zwar sind es mehrheitlich Männer*, die einen Bart tragen, gleichzeitig gibt es jedoch auch Männer*, denen kaum oder kein Bart wächst, so wie es Frauen* gibt, die keinen Bartwuchs haben. Aber eben auch Frauen* wachsen Bärte. Genaue Studien über die Häufigkeit gibt es nicht, Schätzungen gehen aber von 20 bis 30 Prozent aller Frauen* weltweit aus.[9] Wie viele barttragende Frauen* sehen wir? Zu wenig.

»Dabei gibt es keine rationale Begründung für die Haarlosigkeitsnorm außer normativer, konsumorientierter Ästhetik und Geschlechterdifferenz: Körperhaar ist nicht schädlich, nicht ungesund, im Alltag nicht einschränkend. Die Enthaarungsnorm ist mit keiner sachlich begründeten Legitimation verknüpft, etwa im Gegensatz zur Schlankheits- und Fitnessnorm«, schreibt Waltraut Posch in *Projekt Körper – Wie der Kult um die Schönheit unser Leben prägt.*[10] Mit anderen Worten: Lediglich der Vertrag mit dem Frau*sein steht dazwischen. Aber wer hat den Vertrag überhaupt aufgesetzt und was ist so schlimm daran? Glatte Haut fühlt sich schließlich gut an. Ich kann mich noch genau an das Gefühl erinnern, als ich mich zum ersten Mal rasiert habe. So weich war meine Haut nie wieder und ich konnte nicht anders, als den ganzen Tag meine Beine zu berühren.

Warum werden Haare also so zum Thema gemacht? Ist es überhaupt nötig, darüber zu reden und es zum Thema zu machen?

Haaraktivismus wird oft als zu trivial, geradezu belanglos dargestellt. Ob wir nichts besseres zu tun hätten, als über Haare und Rasur zu streiten? Jede*r wie mensch will. Ist doch keine große Sache. Bereits zu Zeiten der zweiten Feminismuswelle in den 70er Jahren wurde Feministinnen* vorgeworfen, ihre haarigen Achseln würden das Augenmerk auf ein Problem lenken, welches andere, viel größere Probleme überschatten würde. Gleichzeitig wurden Frauen* öffentlich als »hairy-legged zoo girls« beleidigt[11] und ihre Behaarung damit synonym als Abwertung ihrer Forderungen verwendet. Sie wurden lächerlich gemacht. Und der Haaraktivismus schien eines Kampfes unwürdig.

Es gibt viele Bücher über Frauen*körper, die sich um Gewicht und Formen drehen. Sie beschäftigen sich mit dem gesamten Körper, aber fast gar nicht mit Körperhaaren.[12] Auch bei meiner Recherche zeigte sich, dass dieses Thema nur selten in den Fokus gerückt wird. Als sei es nicht existent, kein Problem, keine große Sache, kein Symptom unserer normierten Körperkultur, unter der viele Menschen leiden und welches besonders Frauen* davon abhält, sich in ihrem Körper rundum wohl und kraftvoll fühlen zu können.

Ich selbst war immer wieder enttäuscht von der fehlenden Ausreizung des Themas. Seit sich die Enthaarungsnorm in meiner frühen Jugend in meinem Kopf verfestigt hat, bin ich auf der Suche nach Stimmen, die den Struggle mit dieser Norm benennen und sichtbar machen. Ich las Bücher und hörte Podcasts zu allen möglichen feministischen Fragestellungen. Alles wurde auseinandergenommen und beleuchtet, aber über Haare wurde entweder gar nicht gesprochen oder das Thema auf einer halben Seite abgehakt. Für mich war es allerdings immer ein weit größeres Thema, als dass es auf eine halbe Seite gepasst hätte.

Ich erinnere mich noch, als ich irgendwann um die Jahrtausendwende meine erste *Bravo* in den Händen hielt. Da gab es ein Foto von Britney Spears, die ich damals super fand. Sie guckte lässig in die Kamera und drückte mit ihrem Daumen den Hosenbund herunter. Hervor blitzten einige Haare. Ich fand das Foto cool. Es war das letzte Mal, dass ich Vulvabehaarung oder auch nur den Ansatz davon in einem Magazin gesehen habe. Danach änderte sich das Bild. Ich bekam so wenig Körperbehaarung zu sehen, dass ich zu einer regelrechten Haarspionin wurde. Sobald die Kleidung im Frühjahr kürzer wurde, schweiften meine Blicke unauffällig über nackte Beine, die freigelegte Haut zwischen 7/8-Hose und Schuh und über gestreckte Achseln, auf der Suche nach Rasurschatten. In Filmen und Serien versuchte ich bei Sexszenen immer einen Blick auf den Behaarungsstand der Vulva zu erhaschen und inspizierte auch jedes andere Körperteil ob der Sichtbarkeit eines Flaums. Besonders bei historischen Darstellungen wurde mein Blick dabei zunehmend skeptischer. Dokumentationen, TV-Shows, Magazine, Talk-Sendungen, Zeitschriften, Fotos, Gemälde wurden von mir untersucht. Und natürlich die Werbung, in der sich

Frauen* ihre haarlosen Beine rasierten oder epilierten. Ein sinnloses Unterfangen und eigentlich schlechte Promotion, wenn der Vorher-Nachher-Effekt keinen Unterschied zeigt.

Meine Untersuchungsergebnisse waren jedes Mal ernüchternd, woran ich mich schnell gewöhnte. Die unsichtbaren Haare wurden zur Norm.

Aber ich wurde nicht müde, weiter zu suchen. In der Hoffnung, etwas zu finden, das mir zeigte, Nicht-Enthaaren ist genauso schön und in Ordnung wie all die Bilder, die sich mir von einer Frau* präsentierten. Jedes neue Bild, das ich sah, kam mir vor wie eine weitere Werbung für einen haarlosen Körper, die mich immer unsicherer mit meiner eigenen Haarfülle werden ließ. Aber genau das will Werbung schließlich erzeugen: eine Unsicherheit, die zum Kauf eines Produktes führt, mit dem mensch sich besser fühlen soll.

Ich fühlte mich mit Enthaarungsutensilien nie besser. Auch das erreicht Werbung, weswegen ich immer neue Produkte ausprobierte. Ich habe alle durch, die sich mir anboten und keins funktionierte für mich. Nach dem Rasieren zeigten sich Stoppeln schon am selben Tag. Epilieren war nicht gründlich genug. Cremes und Schleifpads verursachten Ausschläge. Wachs und Sugar ließen Haare einwachsen und mich während drei der vier versprochenen Wochen Haarfreiheit wie ein gerupftes Huhn aussehen. Dazu kam der quälende Juckreiz, sobald mir auch nur ein bisschen kalt wurde und die Haarwurzeln sich aufstellten, und das bei jeder Methode. Für Laser-Behandlungen fehlte mir das Geld und ich hörte zudem, dass sie bei vielen auch nicht das gewünschte Ergebnis erzielten.

Mich zu enthaaren war mir nicht dauerhaft möglich, mich nicht zu enthaaren war angesichts des sonderbaren Bildes, das dadurch inmitten der Haarlosigkeit entstand, ebenso keine Option. Blieb nur noch das Verstecken, und das erschwerte mir einige soziale Kontakte und führte nicht weniger dazu, dass ich mich sonderbar fühlte. Angefangen davon, dass ich mich vor dem Sportunterricht immer in den engen Toilettenkabinen umzog oder gleich in Leggings kam. Wenn Freund*innen mich fragten, ob ich mit ins Schwimmbad wolle, ließ ich mir Ausreden einfallen. Auf Partys ging ich auch selten, weil es mich anstrengte, mich davor stundenlang vorbereiten zu müssen. Und wenn ich mal unvorbereitet mitging und einen interessanten Jungen* oder Mann* kennenlernte, zeigte ich mich enthaltsam, obwohl ich wahnsinnig Bock hatte.

Meine Haare belasteten mich enorm. Jedoch nicht nur meine eigenen Haare, auch die Haare meiner Mutter, die sie vollkommen unbefangen präsentierte. Sie konnte nie verstehen, warum ich so ein Problem damit habe. Ich schämte mich für sie, wenn sie mit Rock und Top vor die Tür ging und unser Umfeld schamlos mit ihren Achsel- und Beinhaaren konfrontierte. Ich sah die Blicke, die sie nicht sah und wenn ich mit ihr zusammen unterwegs war, wollte ich nur eines: dass die Leute sahen, dass bei *mir* alles glatt war. Dass ich nicht in Ordnung fand, wie meine Mutter rumlief. Ich sah meine eigenen Haare durch die Blicke von anderen an und diese Blicke waren so demütigend, dass meine Scham dafür sorgte, mich denen niemals auszusetzen.

Und das alles nur wegen ein paar Haaren? Manche Frauen* haben wirklich nur sehr wenige davon, die hauptsächlich im engsten Kontakt zu sehen sind. Bei manchen Frauen* sind sie hingegen auf den ersten Blick sichtbar, auch aus einer gewissen Entfernung. Sie wachsen dicht an dicht, können lang und voluminös werden, gedeihen rasant und sind dadurch nur schwer zu bändigen, geschweige denn zu beseitigen. Da genau das bei mir zutrifft, betrachtete ich die glatte Haut anderer Frauen* immer wie ein Wunder. Und sah sie gleichzeitig als Normalität an, während ich die Ausnahme sein musste. Mir schien, dass alle Frauen* außer mir es schafften, ständig glatte Haut präsentieren zu können, weil sich mir ein anderes Bild einfach nicht bot. Und das machen natürlich alle freiwillig und entscheiden sich bewusst dafür. Davon war ich überzeugt, schließlich hätte ich mich auch dafür entschieden, wenn eine Enthaarungsmethode für mich funktioniert hätte. Diese Überzeugung wurde durch einen Text von Waltraud Posch ins Wanken gebracht, in dem sie* schreibt: »Die meisten Menschen definieren sich heute als von sozialen Schönheitsstandards unbeeinflusst. Werden sie gefragt, für wen sie sich schön machen, antworten sie in den meisten Fällen ›für mich selbst‹, wie verschiedene Studien belegen. Wenn aber alle sich ›für sich selbst‹ schön machen, warum sehen einander geschönte Menschen dann so erstaunlich ähnlich?«[13]

Ich begann mich zu fragen, was Schönheit überhaupt ist und wer entscheidet, was als schön empfunden wird? Die Masse? Ist Schönheit reine Gewöhnung an das Sichtbare oder haben wir ein eigenes, ganz individuelles Schönheitsempfinden? Und können wir uns dem bewusst anpassen? Haben wir eine Wahl, für welchen Schönheitsritus wir uns entscheiden? Habe ich die Wahl, ob ich mich enthaare oder nicht?

»Über die freie Wahl der Frauen zu reden heißt, die schwierige Frage stellen, wie viel freien Willen wir als Menschen wirklich haben«, stellt Professorin* Gail Dines fest.[14] Das ist eine essenzielle Frage, die kaum zu beantworten ist.

Haare sind der einzige Teil des Körpers, den wir einfach verändern können, durch den sich unser Aussehen in relativ kurzer Zeit variieren lässt. Bei Kopfhaaren nutzen wir diese Fähigkeit gerne aus. Wenn es jedoch um Körperhaare geht, haben Männer* die Wahl zwischen vielen angesehenen »Frisuren«. Hier sprechen wir von persönlichem Geschmack oder Vorlieben. Als Frauen gelesenen Personen fehlt es hingegen an Wahlmöglichkeiten. Weil uns die Bilder fehlen. Weil ein haarloser Frauen*körper »zur Norm geworden [ist], von der fast alle ausgehen.«[15] Weil wir denken, so ist es. »Frauen sind so, Männer sind so.« Eine einengende Vorstellung, nicht nur für alle nicht-binären, inter* und trans* Menschen, die in dieser Annahme noch nicht einmal mitbedacht sind. Frei macht uns dieser Gedanke auf jeden Fall nicht.

Haarentfernung wird uns hingegen als eine Möglichkeit verkauft, für die wir uns frei entscheiden können. Wir haben die Wahl zwischen vielen verschiedenen Methoden, die Vor- und Nachteile werden uns in Print-, Online- und Fernseh-Medien aufgezeigt. Aber wie frei ist unsere Wahl wirklich? Wir können entscheiden, *was* wir konsumieren. Bei der Frage, *ob* wir konsumieren, sind wir weniger frei. In sogenannten Frauenmagazinen finden wir Ratschläge, wie frau* mit Nebenwirkungen beim Enthaaren umzugehen hat.[16] So hilfreich die Tipps auch sein mögen, es fehlt der Vorschlag: einfach nicht enthaaren. Dies wäre die effektivste Methode, Nebenwirkungen vorzubeugen, aber sie wird einfach übersehen – ausgeblendet. Frauen*, die Haare zeigen, gelten als mutig, müssen mutig sein, um die Kommentare und Blicke aushalten zu können. Eine Option, der ich als Jugendliche nicht standgehalten hätte. »Tatsächlich wird man seltsamerweise in der Pubertät sichtbar, indem man wie alle anderen aussieht, während anders auszusehen und sich anders zu verhalten bedeutet, unsichtbar zu werden«, schreibt Dines.[17] Natürlich wollte ich sichtbar sein, ich wollte dazugehören. Deswegen drehten sich Gespräche über Enthaarung, die ich mit Freund*innen führte, auch immer um das *Wie*, nie um das *Ob*.

Aber *wie* geht es Frauen* überhaupt mit den Anforderungen an einen haarlosen Körper? Dass ich darauf keine eindeutige Antwort wusste, fiel mir auf, als ich anfing, ein Theaterstück zu schreiben, das sich mit der Enthaarungsnorm auseinandersetzen sollte. Ich wusste, wie es mir ergeht, was meine Meinung zu dem Thema war. Aber welche Erfahrungen haben andere gemacht? Bisher hatte ich mit anderen immer nur über Methoden gesprochen, ich wusste gar nicht, ob sie genauso unter dem gesellschaftlichen Druck litten wie ich. Wie denken sie eigentlich über diese ganze Enthaarungskultur? Gehen sie mit ihr konform? Warum ist fast ausschließlich jedes Bein, das mir begegnet und keinem Mann* zugeordnet wird, seidig glatt? Wo sind all die Frauen* auf der Straße, die sich stolz im Internet zeigen und ihre Behaarung in die Kamera strecken? Machen sich andere überhaupt Gedanken über dieses Thema? Finden sie enthaarte Körper gut oder schlecht? Woher rührt ihrer Meinung nach diese Normierung? Warum passen sie sich an? Oder passen sie sich gar nicht an? Wie geht es denjenigen damit, die nicht angepasst sind? Woher nehmen sie den Mut? Was sind ihre Beweggründe? Wie ergeht es nicht-binären Personen, die sich nicht als klar »weiblich« einordnen? Was passiert, wenn das Gender-Konstrukt bröckelt? Was denken Männer* über dieses Thema? Finden sie haarlose Frauen* schön? Wer entscheidet noch mal, was schön ist?

Ich hatte keine Ahnung davon, wie es anderen Menschen ergeht, das Thema wird immer noch ziemlich totgeschwiegen. Auch in meinem Kopf waren viele Schranken und es kostete mich Kraft und Mut, dieses Schweigen zu brechen. Es machte mich verletzlich, weil ich mich selbst dafür öffnen musste, zeigen musste, dass ich ein Problem mit der Enthaarung habe – eine Tatsache, die ich jahrelang zu verstecken versuchte. Gleichzeitig zeigte sich durch das Ansprechen des Themas auch die Verletzlichkeit meiner Gegenüber, die sich mir mit ihren eigenen Geschichten bereitwillig anvertrauten. Ich war gar nicht alleine mit meinen Gefühlen, ich musste nur fragen, das Gespräch suchen. Zugleich merkte ich, wie unterschiedlich der Umgang mit dem Thema und die Gedanken dazu sind.

Ich startete Aufrufe, bat andere Menschen, ihre Geschichte zu erzählen. Die Resonanz überraschte mich. Schon bald erhielt ich Texte von Frauen*, mit denen ich zuvor noch nie Kontakt hatte, teilweise aus anderen Ländern. Sie schickten mir einfach unaufgefordert ihre Erzählungen. Der Drang, sich mitzuteilen, war enorm. Ich sprach mit unzähligen Menschen darüber und alle hatten etwas zu erzählen. Der Großteil redete zum ersten Mal über dieses Thema und ich spürte bei ihnen immer wieder eine gewisse Erleichterung, die sich auch bei mir breitmachte. Je mehr unterschiedliche Geschichten, Meinungen und Anekdoten ich hörte und las, umso mehr löste sich das Bild der idealen, haarlosen Frau* in meinem Kopf auf. Der Gedanke »so hat sie* zu sein, so habe ich zu sein« änderte sich in »interessant, so könnte ich auch sein und sie* ist nicht die eine, sondern viele verschiedene«. Mein Vertrag mit dem Frau*sein verlor an Gewicht.

Alle, die Lust hatten, ihre Gedanken aufzuschreiben, bat ich, einen freien Text zu formulieren. Über ihre eigenen Erfahrungen oder ihre Sicht auf das Thema. Einige setzten sich künstlerisch damit auseinander, schrieben ein Gedicht oder eine Kurzgeschichte, manche beantworteten Fragen, die ich ihnen stellte. Eine Person wollte Fotos beisteuern, eine andere Comicseiten. Um ihre Gedanken zu schützen, haben viele ihre Namen geändert, wollten anonym bleiben. Das angegebene Alter ist hingegen bei allen zutreffend, da der Umgang mit Körperhaaren auch eine Generationsfrage ist. Dachte ich zumindest.

Entstanden sind Beiträge, die sich mit dem großen eigenen Struggle auseinandersetzen, Beiträge, die zeigen, wie es ist, sich auszuprobieren und herauszufinden, was zu einer* passt sowie Beiträge, die sich klar positionieren: für oder gegen die Haarentfernung. Vor allem sind Texte entstanden, die zeigen, dass wir verschieden sind und dass es schon jetzt unterschiedliche Bilder in den Köpfen gibt, die im Kontrast zum gängigen Schönheitsideal stehen.

Dieses Thema hat dringend mehr Aufmerksamkeit verdient, damit wir freier bei der Entscheidung werden, wie wir mit unseren Körpern umgehen wollen, damit wir nicht einer Norm folgen, mit der wir aufwachsen, ohne sie zu hinterfragen und herauszufinden, ob sie überhaupt zu uns passt und uns guttut. Damit Frauen* die Möglichkeit bekommen, sobald das Wetter unerwartet schön wird, einfach kurze Sachen anzuziehen und rauszugehen, ohne sich vorher stundenlang vorbereiten zu müssen. Denn das ist Freiheit. So sein zu dürfen, wie wir sind. Diese Erlaubnis kann uns keine*r geben, wir müssen sie in uns selber finden. Aber Bilder von außen, in denen wir uns wiederfinden, können helfen, uns auch selbst annehmen zu können. Mit all unseren angeblichen Makeln, die im Grunde nur Ausdruck gesellschaftlicher Entwicklungen sind.

Deswegen will dieses Projekt dem Tabu eine Stimme geben, nein, viele Stimmen.

Es ist ein offenes Projekt, das mit diesem Buch noch nicht zu Ende sein soll – was das bedeutet, erkläre ich später noch. Ebenso möchte ich noch mal auf die Frage eingehen, wie frei wir in unseren Wahlmöglichkeiten sind bzw. wie frei unsere Wahl sein könnte und was dafür geschehen muss. Woher kommt unsere heutige Enthaarungsnorm überhaupt und können oder sollten wir sie überwinden? Und warum ist »Weiblichkeit« so ein enger Begriff, der einen Vertrag erforderlich macht?

Seit ich mit diesem Projekt begonnen habe, habe ich aufgehört, mich zu enthaaren. Um mich auszuprobieren, aber auch, um meine eigenen Überzeugungen loszulassen. Das hat mich unglaublich viel Mut gekostet und es fällt mir bis heute nicht leicht, meine Behaarung ganz offen vor allen zu zeigen. Dabei möchte ich betonen, dass es mir nicht darum geht, dass alle Menschen Körperhaare von nun an toll finden sollen, sondern darum, dass wir ein weites Spektrum an Möglichkeiten und Schönheitsempfindungen schaffen. Damit es nicht nur ein Bild von einem Frauen*körper gibt, sondern viele. Damit alles erlaubt ist: haarig, stoppelig oder enthaart, wild oder geformt und alles schön sein darf.

Vor diesem Projekt habe ich lange darauf gewartet, dass mal eine* mit mir über meine Körperhaare spricht und mir glaubhaft vermittelt, dass alles nicht so schlimm ist. Seitdem ist so viel Schönes passiert, dass ich mir nicht mehr vorstellen kann, nicht mutig zu sein.

Danke an die wunderbaren Menschen, die im Folgenden ihre Geschichten erzählen.

Lilli, 22 Jahre

My Body – Your Choices

»Die Frau als symbolisches Objekt konstituiert, dessen Sein ein Wahrgenommen-Sein ist.«
– Pierre Bourdieu

Wir lernen früh, wie Frauen auszusehen haben. Hübsch und weiblich. Eine hübsche Frau ist schlank, aber hat trotzdem ein paar Kurven. Eine hübsche Frau hat lange Haare auf dem Kopf und keine Haare am restlichen Körper.

Ich weiß nicht mehr ganz genau ab wann, aber im Laufe der Grundschule fing ich an, mir meines eigenen Körpers, meines Aussehens bewusst zu werden. Rückblickend war ich wahrscheinlich kein typisches Mädchen. Oder zumindest anders als der Großteil der Mädchen meiner Klasse. Ich liebte Fußball spielen und trug meistens die weiten Klamotten meines großen Bruders. Bis zu einem gewissen Alter schien das niemanden zu stören, auch mich nicht. Aber ungefähr als ich in die dritte Klasse kam, veränderte sich etwas. Wir alle wurden älter und begannen mehr und mehr darauf zu achten, was andere über einen dachten. Vor allem natürlich, was die nettesten Jungen der Klasse von einem hielten.

Nun war es in unserer Klasse so, dass die Jungen meistens die lauteren, mutigeren Persönlichkeiten waren. Und in der Hinsicht war ich ein ganz typisches Mädchen. Ich sprach nicht gerne vor der Klasse und hatte kein Interesse daran, die lustigsten Kommentare zu machen. Einige Jungen meiner Klasse hingegen (natürlich nicht alle, nicht der Junge an sich) begannen herausfinden zu wollen, wer der Lustigste, der Lauteste oder der Gemeinste war. Und da es gerade erst anfing, mir wichtig zu sein, was die Jungen von mir hielten, konnten Kommentare wie: »Sowas tragen aber doch keine Mädchen«, »Wieso bist du so dick?« oder »Ihhh, du hast ja mehr Armhaare als ein Junge« mich ganz schön verwirren.

Ich fing an, mich mit anderen zu vergleichen, vor allem mit meiner besten Freundin. Sie war einen Kopf kleiner als ich und mindestens 10 Kilo leichter. Obwohl mein Gewicht rückblickend komplett durchschnittlich war, fing ich an, mich ständig schwer und groß zu fühlen. Schwerer und größer als ein Mädchen sein sollte. Meine beste Freundin hatte außerdem viel weniger Arm- und Beinhaare als ich. Und sie trug, so wie alle Mädchen meiner Klasse, engere Klamotten. Mädchen-Klamotten. Ich erinnere mich noch genau, wie ich nach Hause ging und meine Mutter fragte, ob wir eine ›Mädchen-Hose‹ kaufen könnten. Da meine Mutter während der letzten acht Jahre immer wieder versucht hatte, mir süße Kleider oder enge Jeans mit Glitzersteinen an den Taschen zu kaufen, freute sie sich vermutlich wahnsinnig. Ich dagegen fand meine neue Hose hauptsächlich unbequem und weniger cool als die meines Bruders. Meine Eltern sagten, ich sähe sehr süß aus, ich dagegen fühlte mich eher verkleidet. Als ich in die Klasse kam, sagte der Junge, den ich am allernettesten fand: »Wow, du siehst ja aus wie ein richtiges Mädchen.« Und dieser Kommentar machte mich froh. Von da an trug ich nur noch Mädchen-Klamotten. Zum einen um den Jungen zu gefallen und zum anderen aus Angst vor gemeinen Kommentaren.

Diese Angst vor Kommentaren über mein Äußeres, diese Angst, den anderen nicht zu gefallen, führt zu einer seltsamen Beziehung zu meinem eigenen Körper. Ich entwickelte ein Gefühl des ständigen Wahrgenommen-Seins. Wann immer ich in der Gegenwart anderer war, insbesondere in der Gegenwart von Jungen oder Männern, fühlte ich mich beobachtet. Aber vor allem bewertet. Ständig fragte ich mich, was andere über mein Aussehen dachten und ob ich ihnen gefiel. Nie nahm ich mich selbst nur als ›Ich‹ wahr, nie nur aus meiner eigenen Perspektive. Immer war ich mir all der anderen Perspektiven, all der Augen, die eventuell auf mich gerichtet sein könnten, bewusst.

Langsam aber sicher begann ich alles, was andere nicht an mir mochten, auch nicht zu mögen. Das Problem mit den Klamotten war zwar schnell gelöst, aber da blieben noch mein Gewicht und die Arm- und Beinhaare. Der Satz »Ihh, du hast ja mehr Armhaare als ein Junge«, hatte sich in mein Gedächtnis eingebrannt. Viele Haare zu haben, schien nicht gerade mädchenhaft zu sein. Längere Zeit bestand meine

Lösung des Haar-Problems darin, lange Klamotten zu tragen und darauf zu achten, meine nackten Arme nicht neben die eines Jungen zu legen. Problematisch wurde es dann bloß immer im Sportunterricht. Denn dort trugen eigentlich alle kurze Hose und T-Shirt. Ich und die anderen Mädchen meiner Klasse hatten nun bereits akzeptiert, dass Beinhaare als eklig und hässlich an uns beurteilt wurden. Allerdings war bis zur sechsten Klasse noch keine Rede vom Rasieren. Wir waren in diesem Übergangsalter, wo Eltern einen noch als Kind wahrnahmen und nicht daran dachten, einem einen Rasierer zu kaufen. Also verglichen wir unsere Beine miteinander, beneideten diejenigen mit blonden und wenig Haaren und bemitleideten die mit dunklen, dichten Haaren. Eine meiner guten Freundinnen fing dann mit ungefähr zwölf an, sich ihre Beine zu rasieren. Ich erinnere mich, dass ich sehr neidisch war und meine Mutter fragte, ob ich mich nicht auch rasieren könnte. Meine Mutter meinte, ich wäre noch zu jung, um mir die Beine zu rasieren, es würde doch wohl niemanden in meinem Alter stören. Ich solle die Zeit genießen, in der ich sie noch nicht rasieren muss. Tat ich aber nicht. In meiner Erinnerung fragte ich mich nicht mal eine Sekunde, wieso ich meine Beinhaare so hasste. Und vor allem: wieso ich die Haare bei den Jungen nicht eklig fand.

Da ich unbedingt diese Haare loswerden wollte, benutzte ich den Rasierer meiner Mutter heimlich. Statt in der Schule, konnte ich nun zu Hause keine kurze Hose mehr tragen. Aber mir war es lieber, meine Beine vor meiner Mutter zu verstecken, als vor den Jungen meiner Klasse. Das Problem mit den Armhaaren war schwieriger. Manche von den älteren Mädchen rasierten sie sich, andere nicht. Und die Rasierer-Werbung im Fernsehen zeigte immer nur, wie sich die Models ihre Beine rasierten. Nie die Arme. Aber warum haben sie dann trotzdem so glatte Arme? Ich fragte meinen Bruder, was die Mädchen in seiner Klasse denn so rasieren würden und was den Jungen besser gefiele. Er sagte das coolste Mädchen der Klasse rasiere sich die Arme. Allerdings hatte meine Mutter mir einmal erklärt, dass man nach dem Rasieren ganz schlimme, dunkle Stoppeln kriegen würde. Sie sagte, deshalb solle ich nie auf die dumme Idee kommen, mir die Arme zu rasieren. Ein Dilemma. Also rasierte ich nur einen Teil meiner Armhaare und wartete das Ergebnis ab. Letzten Endes blieb es dann nur bei dem einen Teil. Hauptsächlich aus Angst, meine Mutter würde ansonsten sauer sein. Außerdem hörte ich von einigen, dass Jungen Armhaare gar nicht so schlimm fanden. Ein Glück!

In der Pubertät hatten meine besten Freundinnen und ich dann natürlich unzählige Konversationen über unsere neu entdeckten Scham- und Achselhaare. Die fanden wir alle auch ziemlich hässlich und eklig. Die schönen Frauen in den amerikanischen Filmen hatten die schließlich nicht. Wir waren uns alle einig, dass glatt rasieren außer Frage stand. Das Problem war allerdings, dass sich die Haut oft entzündete. Und leider hatte niemand von uns so wirklich eine Ahnung, ob und wenn ja, welche Produkte man bei oder nach der Rasur verwenden sollte. Manche sagten, ihre Mütter seien der Meinung, es wäre total schlecht, sich untenrum glatt zu rasieren. Sie sagten die Haare seien wichtig, um sich vor bakteriellen Infektionen und Schmutz zu schützen. Aber die erfahrenen Mädchen erzählten, dass Jungen Haare »da unten« eklig fanden und sich über Mädchen mit ›Busch‹ lustig machten. Und das Gleiche hatte ich auch schon mal im Fernsehen gehört. Also wurde die Konsequenz, dass es vielleicht schneller zu Infektionen führen könnte und sich die Haut öfter mal entzündete, in Kauf genommen. Sich die Achselhaare zu rasieren war so selbstverständlich, dass kaum darüber geredet wurde. Ich erinnere mich, dass meine Mutter mir erklärte, man würde schneller nach Schweiß stinken, wenn man sie nicht rasierte. Es schien schlimmer zu sein, wenn Mädchen nach Schweiß rochen als Jungen. Denn viele Jungen in meinem Umfeld rasierten sich nicht die Achselhaare.

Wie man merkt, drehte sich vieles in meiner Jugend um mein Aussehen. Ich kannte das Wort Objektifizierung damals noch nicht, aber es beschreibt ziemlich genau, wie ich mich fühlte: auf das Äußere reduziert. Ich hatte das Gefühl, während die Mädchen meistens die lustigsten, lautesten oder dominantesten Jungen der Klasse anhimmelten, himmelten die Jungen die hübschesten Mädchen an. Und so wie es bei vielen hormongesteuerten Teenagern der Fall ist, war es mein Ziel, Jungen zu gefallen. Natürlich hätte ich das damals nie zugegeben. Ich tat stets so, als wären mir alle und alles egal. Als könnte kein Kommentar der Welt mein Selbstbewusstsein brechen. Ich fühlte mich innerlich schon so schwach, dass ich wenigstens nach außen hin stark wirken wollte und mir selber einzureden versuchte, stark zu sein. Trotzdem schien ich unterbewusst jede Information darüber aufzusaugen, wie eine junge Frau auszusehen hatte. Alles, was nicht als typisch schön galt, hasste ich an mir. Ich eiferte einem Ideal hinterher, das in meinem Kopf entstanden war. Und erschreckenderweise raubte es eine Menge meiner Zeit, Gedanken und Energie.

Ich weiß nicht, ob es allen Frauen so geht, aber ich persönlich begann, mich extrem auf mein Äußeres zu reduzieren und entwickelte den Glauben, mein Wert würde über meinen Körper bestimmt. Egal, wo ich hinging, immer hatte ich das Gefühl beobachtet und bewertet zu werden. All die Vorgaben, was als ›schön‹ gilt und was nicht, geben dem Aussehen eine viel zu große Wichtigkeit. Sich zu rasieren, sich zu schminken, abzunehmen. Dinge, über die viele Frauen oft reden, mit denen viele Frauen sich beschäftigen. Und worüber reden Männer? Und warum besteht dieser Unterschied? Ich redete mir zu dem Zeitpunkt zwar ein: »Ich mache das einfach, um mich selber besser zu fühlen«. Um mich selber mehr zu mögen. Selten hinterfrage ich alltägliche Routinen wie rasieren und schminken oder langfristige Ziele wie abnehmen. Aber mache ich das wirklich für mich selbst, wenn ich mich bloß deshalb besser fühle, weil ich anstelle von kritischen Blicken, anerkennende auf mir spüre? Jetzt denke ich, diese Wichtigkeit meines Aussehens kommt durch die Rolle, die das Aussehen einer Frau in der Gesellschaft zu spielen scheint.

Wenn wir so viel Zeit und Energie in unser Erscheinungsbild stecken, scheint es uns ja ziemlich wichtig zu sein. Und ich denke, dem Äußeren der Frau diese Wichtigkeit zuzuschreiben, verleitet dazu, sich darüber zu definieren. Und passt man nicht in das gesellschaftliche Konzept von Schönheit, kann die Reduzierung auf den Körper zu einem niedrigen Selbstwertgefühl führen. Und selbst wenn man in dieses Schema passt und die Norm erfüllt, kann die Reduzierung auf ein ›schönes‹ Aussehen das Selbstwertgefühl ebenso mindern – als hätte man sonst nicht vieles zu bieten, da alle einem ständig nur Komplimente für das Aussehen machen. Auch wenn man all den Schönheitsidealen entspricht, fühlt man sich noch immer machtlos. Machtlos gegenüber den Bewertungen, den Kommentaren, der Reduzierung auf das Äußere.

Laura Martinez, 33 Jahre

Gedankenexperiment

Diese Gedankenreise entstand spontan an einem gemütlichen Abend mit einer Freundin. Wir hatten gut gegessen und tauschten uns über unsere Erfahrungen mit Körperbehaarung aus. Dass die von uns entworfene Ausgangssituation aufgrund eines Coronavirus schon bald Wirklichkeit werden würde, hätten wir niemals gedacht: Wir sprachen über »Social Distancing«, ohne dass es bereits in unserem täglichen Sprachgebrauch war.

Die Frage, die über dem Gespräch stand, war: »Für wen rasieren wir uns? Für uns selbst?«

Meine Freundin sponn einen Gedanken: »Nehmen wir mal an, du wärst Single, hättest auch keinen in Aussicht oder keine Lust, dich mit jemandem zu treffen. Es wäre Winter und du würdest für ein halbes Jahr im hohen Norden abgeschieden in der Einöde leben. Du würdest nicht zum gemeinsamen Sport gehen, weil es in der Nähe nichts gäbe. Kontakt zu Menschen wäre äußerst begrenzt. Würdest du dich enthaaren?«

Meine Antwort war klar: »Sicher nicht! Vielleicht unter den Achseln, weil ich das Gefühl habe, dass ich dann mehr rieche. Aber wenn ich sowieso die ganze Zeit alleine bin, dann wäre das auch nicht so schlimm. Ich dusche ja regelmäßig.«

»Und wenn du dann – denken wir das Gedankenspiel mal weiter – einen großen Spiegel in deinem kleinen Häuschen hättest und dich da anschauen würdest, wie würdest du dich finden?«

Ich überlegte kurz. »Am Anfang würde ich das ganz komisch finden, es würde nicht passen irgendwie. Wir sind nicht daran gewöhnt, Frauen mit Haaren am ganzen Körper zu sehen und ich glaube, ich wäre von mir selbst schockiert. Trotzdem wäre das nicht Grund genug, wenn ich alleine bin, etwas daran zu ändern. Ich würde vielleicht denken: Wow, das habe ich noch nie gesehen; aber irgendwann würde ich es nicht mehr wahrnehmen.«

»Okay, dann gehen wir davon aus, du machst irgendwann einen sehr schönen Spaziergang in deiner Einöde. Du warst schon sehr lange alleine und triffst auf deinem Weg diesen sympathischen Kerl – und ihr kommt ins Gespräch, weil ihr beide schon lange sehr einsam wart. Ihr würdet euch schlagartig mögen und attraktiv finden und spaziert den ganzen Tag zusammen weiter.« Meine Freundin grinste aufgeregt. »Gehen wir mal zwei Optionen durch. Erste Version der Geschichte: Ihr küsst euch irgendwann und du hast das Gefühl, okay, es könnte jetzt auch in Sex enden. Was würdest du tun? Würdest du es einfach geschehen lassen? Nehmen wir mal an, du hättest ein halbes Jahr lang alles wachsen lassen und siehst es schon selbst nicht mehr richtig, aber jetzt bist du auf einmal wieder in Kontakt mit einem Mann und es entwickelt sich zum Sex. Du könntest es aber immer noch abwenden, du könntest immer noch sagen: Nee, heute nicht, ich gehe jetzt lieber nach Hause ... Würdest du überhaupt über deine Haare nachdenken?«

Gute Frage. »Es ist kompliziert. Ehrlich gesagt bin ich mir in der Situation nicht sicher, weil wenn ich sechs Monate alleine gewohnt habe, selbst die Haare schon nicht mehr sehe, wenn ich in den Spiegel schaue und ich mich mit der Person so gut verstehe – ich glaube nicht, dass ich in diesem Moment daran denken würde. Mein heutiges Ich würde anders denken, ich würde es sofort unterbrechen. Aber unter den Umständen ...«

»Glaubst du denn, dass es dir auffallen würde, wenn du dich dann vor ihm ausziehst?«

»Das könnte zumindest eher passieren, als dass ich im Vorfeld darüber nachdenken würde. Weil wenn ich es selbst nicht sehe, dann denke ich nicht daran, aber vielleicht in dem Moment, in dem ich nackt bin und jemanden sehe, durch dessen Augen ich dann auch wieder mich anschaue, dann kommt es mir vielleicht doch in den Sinn. Aber dann wäre es eh schon zu spät. Dann würde ich denken: Take it or leave it.«

Wir nickten uns bestärkend zu, bevor meine Freundin erneut ansetzte: »Ok, kommen wir zur zweiten Version der Geschichte: Ihr seid euch wahnsinnig sympathisch, aber ihr fallt noch nicht übereinander her. Stattdessen verabredet ihr euch zum Abendessen am nächsten Tag. Du lädst ihn in deine kleine Hütte ein. Würde das was ändern? Es war wirklich schön, mit ihm zu reden und ihr konntet euch nur schwer voneinander trennen. Du überlegst schon, was du kochen könntest. Es ist spät und du fällst beseelt ins Bett. Am nächsten Tag musst du alles vorbereiten, es ist einiges zu tun, aber du hättest auch noch ein kleines Zeitfenster. Würdest du es nutzen?«

Ich schaute nachdenklich an die Decke. »Also ich kann mir vorstellen, dass ich am nächsten Tag aufstehe und mir auffällt: Ah Mist, ich muss noch aufräumen. Nachdem ich Ordnung geschaffen habe, mache ich den Kühlschrank auf, schaue, ob ich alles für das Essen da habe. Vielleicht ist sogar alles da, aber ich überlege mir, dass es schön wäre, einen Wein zu trinken. Also muss ich noch in den Weinladen. Bevor ich dahin fahre, gehe ich duschen und schaue an mir herunter und denke plötzlich: Oh wow, stimmt ... Da könnte ich mir gut vorstellen auf dem Weg zum Weinladen auch noch in der Drogerie vorbei zu fahren, um einen Rasierer zu kaufen. Wenn ich die Zeit habe, will ich auch, dass alles perfekt wird. Ich bereite zu Hause alles vor und ja, würde mich wahrscheinlich auch rasieren.«

Meine Freundin atmete durch. Wir waren beide etwas nervös. »Und dann klingelt es endlich an der Tür. Der Abend ist wie erwartet wunderschön. Ihr esst zusammen, trinkt Wein, lacht ganz viel, schaut euch tief in die Augen und irgendwann setzt ihr euch auf die Couch und fangt an, euch zu küssen und auszuziehen. Dann seid ihr beide nackt voreinander – natürlich ist er nicht enthaart, er ist ein Mann und lebt auch schon ewig sehr einsam auf einer Berghütte. Und dann schaut er dich an und sagt: ›Wow! Ich hätte jetzt nicht erwartet, dass du rasiert bist.‹ – Wie würdest du reagieren?«

In mir zog sich alles zusammen. Ich musste seufzen und schüttelte über mich selbst den Kopf. »Mir wäre es wahnsinnig peinlich! Wahrscheinlich würde ich es ihm dann einfach nur erzählen wollen, meine ganzen Gedanken, wie es gelaufen ist. Dass ich mich sechs Monate nicht mehr rasiert habe, selbst daran gewöhnt war, aber wollte, dass der Abend perfekt ist und dann plötzlich wurde ich mir meiner Haare wieder bewusst und da ich sowieso einkaufen war, habe ich einfach einen Rasierer gekauft, dachte, er würde das erwarten ... Aber so oder so, es wäre mir wirklich sehr peinlich.«

Einen Moment schwiegen wir, dann lachten wir fassungslos. Meine Freundin erzählte mir, dass sie genauso reagiert hätte. Das erleichterte mich auf eine Weise, aber es stimmte mich auch nachdenklich.

Wir schämen uns dafür, dass wir Haare haben und plötzlich schämen wir uns dafür, dass wir keine haben. Nur aufgrund dessen, wie eine andere Person, die uns gerade ansieht, reagiert.

»Das ist ja der Beweis, dass es nichts mit den Haaren zu tun hat«, meinte meine Freundin.

Ich nickte. Dieses Gedankenexperiment arbeitete noch lange in mir. Plötzlich war mir klar geworden, dass ich mich immer nur für die anderen rasiere und das nichts mit Schönheit, sondern mit Erwartungen zu tun hat. Erwartungen, von denen man denkt, dass die anderen sie haben. Das gab mir zu denken. Ich finde schon, dass ich eine emanzipierte Frau bin, ich bin sehr unabhängig, komme gut mit mir zurecht. Aber wenn es um meine Behaarung geht, passiert etwas anderes. Der Typ fragt: ›Warum hast du dich rasiert?‹, und ich denke: Oh scheiße, tut mir leid. Hätte ich es nicht getan und er hätte daraufhin gesagt: ›Wie siehst du denn aus?‹ käme genauso: Oh scheiße, tut mir leid dabei raus. Egal, wie ich es wende, keine Möglichkeit fühlt sich gut und richtig an. Ginge es um meinen Haarschnitt auf dem Kopf, würde ich komplett anders damit umgehen. Wenn mich jemand fragt: ›Warum hast du deine Haare kurz geschnitten?‹ und er lange Haare schöner findet, dann würde ich sofort sagen: ›Schade, dass es dir nicht gefällt, ich mag es lieber kürzer, deal with it!‹ Da hätte ich keinen Drang, mich so beschämt zu entschuldigen.

Mia, 16 Jahre

Anständig erzogen mit Schatzweg

Aus irgendeinem Grund scheint es, dass Haare bei Männern etwas ganz Normales und auch Erwünschtes sind – zumindest an den Beinen und auf der Brust. Der Rücken und andere Bereiche sind dann schon wieder ein anderes Thema. Bei Frauen ist es, zumindest wird es mir von den meisten so vermittelt, unattraktiv und eklig, Beinhaare zu haben. Naja, ich habe sie nun mal, aber da ich von meinen Peers halbwegs »anständig erzogen« wurde, rasiere ich sie mir im Sommer bis zu den Knien. Im Winter gleichen meine Beine allerdings einem Pelz – sofern keine heißen Rendezvous geplant sind.

Ich weiß nicht wieso, aber ich fühle mich von der Norm unter Druck gesetzt, meine Beine zu rasieren – anders fühle ich mich mittlerweile selbst nicht mehr wohl, irgendwie etwas ungepflegt, da mir das so vermittelt wird. Allerdings bewundere ich Frauen, die unrasiert rausgehen. Ich habe das selbst eine Weile probiert, doch bin auf sehr viel negatives Feedback gestoßen. Gleichzeitig ist mir jedoch auch aufgefallen, dass »Haare oder nicht« nur eine Nebensächlichkeit ist – nach kurzem Gespotte oder auch Gelache findet sich der nächste Gesprächspunkt und nach ein paar Wochen haben sich alle daran gewöhnt.

Nun stellt sich mir aber doch die Frage, warum ich so beschämt bin, eine verhältnismäßig behaarte Frau zu sein. Ist es nur der Druck der Gesellschaft, der von uns immer Perfektion, etwas Unmenschliches, Unnatürliches verlangt? So oder so, ich bin davon beeinflusst. Meine Beinhaare sind so ein Fall, bei welchem ich mich einfach nur frage: WARUM? Warum müssen die sein? Oder warum habe ausgerechnet ich einen kleinen Damenbart? Warum habe ich haarige Zehen? Keine Ahnung, ich meine an den Zehen! Warum? Mein sogenannter Pornostreifen oder auch Schatzweg genannter kleiner Plausch am Bauch hingegen ist zu einer Art Markenzeichen geworden.

Das größte Problem, das ich mit meinen Haaren habe, ist jedoch, dass sie wie ein unbesiegbarer Feind sind, der, egal wie oft man ihn schlägt, mit dem Messer sticht oder im Fall der Haare wachst, rasiert, etc. – sie kommen immer wieder. Und wie überall haben hier die Reicheren und Berühmten einen klaren Vorteil: Sie können es sich leisten, ihre Haare zumindest halbwegs permanent durch Lasern zu entfernen.

Andererseits bin ich aber auch stolz auf meine Behaarung, sie ist ein Teil von mir und ohne sie würde ich mich im wahrsten Sinne des Wortes ziemlich nackt fühlen. Und seien wir mal ehrlich, eine kahle Mipuschi sieht auch nicht gerade wunderschön aus – zumindest meine nicht.

Melanie M., 26 Jahre

Fußwellness

In den Osterferien habe ich mit meiner Familie Urlaub an der Nordsee gemacht. Im Rahmen einer Ferienfreizeit wurden viele Aktivitäten angeboten, unter anderem eine Fußwellness für bis zu zehn Personen in einer Gruppe. Vor diesem Angebot war ich noch mit dem Zubettgehen meines Sohnes beschäftigt, daher kam ich leicht verspätet in den Raum, als die Leiterin schon dabei war, das Wellness-Programm zu erklären. Jeder saß auf einem Stuhl, die Gruppe bildete einen Kreis. Jede Person hatte vor sich eine Wanne mit warmem Wasser stehen, daneben gab es noch ein paar Handtücher und Thermoskannen zum Nachgießen. In der Mitte stand ein großer Behälter mit eiskaltem Wasser. Ich setzte mich also auf den freien Stuhl und bekam eine kurze Zusammenfassung von dem, was ich verpasst hatte. Unsere erste Aufgabe war, die Füße in das warme Wasser zu stellen und dem Vorlesen der Leiterin zu lauschen. Als ich also meine lange Leggings hochgezogen habe, um meine Füße ins Becken zu stellen, empfand ich plötzlich ein großes Unbehagen. Mit Schrecken habe ich auf meine unrasierten Beine geschaut. In dem Moment gingen mir auf einmal viele Gedanken durch den Kopf: »Bei Fußwellness geht es doch um die Füße. Ich habe nicht daran gedacht, dass man vielleicht die Beine sehen könnte, habe mir daher vor dem Angebot keine Gedanken gemacht, ob ich meine Beine rasieren muss oder nicht.«

Sofort wanderte mein Blick auf die Beine der anderen. Ich habe jedes Beinpaar genau inspiziert. In dem Moment war mir nur wichtig zu sehen, ob die anderen alle rasierte Beine hatten oder nicht. Unter den zehn Personen war ein Mann, der an dem Wellness-Angebot teilgenommen hat und sogar er hatte rasierte Beine. Es ging mir plötzlich noch schlechter. Meine Konzentration galt ausschließlich den rasierten

Beinen und ich konnte nur noch mit einem Ohr der Geschichte lauschen. Ich habe mich wirklich sehr unwohl gefühlt. Früher habe ich tatsächlich mehr und genauer überlegt, wann und für was ich mich rasierte. Eigentlich war ich nur bei mir zu Hause, bei meiner Familie und im Garten mit unrasierten Beinen unterwegs. Wenn ich also unterwegs war, in einem Café, in der Kirche oder im Schwimmbad, waren meine Beine IMMER rasiert. Ich fühlte mich damit einfach viel besser und hatte auch das Gefühl, sauberer zu sein. Seit unser Sohn auf der Welt ist, bin ich zwar etwas entspannter geworden, was das Rasieren der Beine angeht, aber wenn es um die Öffentlichkeit geht, da fühle ich mich immer wohler, wenn meine Beine frisch rasiert sind.

Nun saß ich in dieser Gruppe im Kreis, mit Menschen, die ich vor ein paar Tagen kennengelernt hatte, meine Freundin aus Köln saß mir gegenüber, natürlich auch mit rasierten Beinen, und ich saß da, mit meiner hochgekrempelten Leggings und fühlte mich einfach nur gestresst.

Nach dem entspannten Vorlesen sollte dann jeder der Reihe nach für ein paar Sekunden in das kalte Becken rein. Da habe ich mich noch unwohler gefühlt, da ich ja dann in der Mitte der Gruppe stand. Irgendwie konnte ich diese Fußwellness nicht so genießen und mich nicht so entspannen, wie ich es mir gewünscht hätte. Stattdessen fühlte ich mich unsicher, ständig beobachtet und unsauber.

Als ich später noch oft über diese Situation nachdachte, habe ich mich am meisten darüber geärgert, dass ich nicht genug Selbstvertrauen habe, mich auch mit unrasierten Beinen in einer Gruppe hauptsächlich fremder Personen wohlfühlen zu können. Warum fühle ich mich mit rasierten Beinen überhaupt besser? Und warum geben mir unrasierte Beine ein Gefühl von Unreinheit, obwohl ich vor der Wellness geduscht habe? Warum nehme ich mit unrasierten Beinen nur noch frisch rasierte Beine wahr? Warum wird mein Selbstbewusstsein kleiner, wenn ich mit unrasierten Beinen aus dem Haus gehe?

Enkelin, 27 Jahre und Oma, 81 Jahre

Gespräch mit Oma

Oma: Das war ja früher schon so.

Enkelin: Was genau?

Oma: Dass die Haare ab mussten. Aber nur bei den Frauen.

Enkelin: Ja, komisch, oder? Warum nicht bei den Männern?

Oma: Gute Frage. Ich finde das aber auch besser.

Enkelin: Was findest du besser?

Oma: Wenn da keine Haare sind.

Enkelin: Wo?

Oma: An den Beinen zum Beispiel. Das ist doch hygienischer.

Enkelin: Inwiefern?

Oma: Das weiß ich auch nicht.

Enkelin: Habt ihr da mal drüber gesprochen in der Familie, warum ihr das macht?

Oma: Nein, das war einfach so. Das musste gemacht werden.

Enkelin: Und bei den Männern? Die haben da doch auch Haare.

Oma: Ja, die dürfen das. Das ist männlich.

Enkelin: Aber sind das nicht dieselben Haare wie bei den Frauen?

Oma: Bei Frauen sieht das aber nicht gut aus. Ich finde das besser ohne.

Enkelin: Hast du dich denn auch rasiert?

Oma: Nein, noch nie. Bei mir sind die von alleine weggegangen.

Enkelin: Wie das?

Oma: Einfach so. Ich wollte sie nicht, da sind die einfach weggegangen.

Enkelin: Hat dich wer anderes rasiert?

Oma: Das weiß ich nicht mehr.

Enkelin: Und was denkst du dazu, dass Frauen sich rasieren müssen?

Oma: Das finde ich schlimm. Wir Frauen müssen immer alles ausbaden und die Männer dürfen alles. Warum?

Enkelin: Findest du denn, Frauen sollten auch Haare haben dürfen?

Oma: Nein, das finde ich nicht gut. Ich finde es gut, dass die weg sind.

Schirin, 34 Jahre

Ahnen

Fakt.
Sagen wir, es ist ein gefühlter Fakt.

Die meisten Gedanken, die ich mir jemals zu meiner Körperpflege gemacht habe, sind über meine Haare.

Mein Haarwuchs. Mein vorhandener Haarwuchs.
Und auch der Gedanke an die Orte auf meiner Haut, auf denen sie wachsen.

Welche Haare habe ich von meiner Mama und welche Haare habe ich von meinem Papa.

Das ist nicht ganz eindeutig. Die Haarfarbe ist definitiv von meinem Papa. Schwarz ... sehr, sehr dunkles Braun könnte man auch dazu sagen.

Man kann auch auffällig sagen.
Oder gefühlt auffällig. Schwarze Haare auf heller Haut.

Ich finde es auch auffällig, dass es sich sogar so anfühlt, als hätte ich prozentual gesehen die meiste Zeit meiner Körperpflege auf Haarentfernung verwendet.
Nicht Fingernägel feilen oder schminken oder Gesichtsmasken auftragen oder was man sonst so machen kann, die meiste Zeit habe ich gefühlt mit Haarentfernung verbracht.

An allen möglichen Orten und Unorten meines Körpers.

Als Kind.
Ich war vielleicht acht oder neun oder zehn.
Da hat ein Junge zu mir in der Schule gesagt: »IIIIh, du hast ja einen Bart!«

Das hat sich in mein Gehirn GEBRANNT!

Von da an dachte ich über Haare nach.
Und über die Ungerechtigkeit, dass ich einen Damenbart habe und meine blonden Freundinnen nicht mal von der Existenz einer Unsicherheit wissen, die sich um die Abneigung eines Jungen, aufgrund eines dunklen Haarflaumes über meiner Oberlippe, rankt.

Die sich über derlei Schrecklichkeiten keine Gedanken machen müssen.

Ich erzählte es meiner Mama und traf auf Unverständnis. Sie gab mir den wertvollen Tipp: »Sag doch einfach zurück, dass er bloß neidisch ist, dass er keinen hat!«

Was für eine absolut bescheuerte Idee.

Ich vertraute ihr aber und beim nächsten Mal konterte ich damit.
Das darauffolgende Gelächter hat sich ebenfalls in meinem Gehirn festgesetzt!

Von da an dachte ich noch mehr über Haare nach.
Und ließ Handlungen folgen.

Ich habe noch NIE meine Achselhaare gesehen, sobald sie da waren, habe ich sie rasiert.
Beinhaare ebenfalls, ich habe sie noch nie in vollem Wachstum gesehen.
Stoppel dagegen sehe ich immer, mögen sie noch so kurz sein.

Ich würde schon sagen, dass mich dieser Satz von diesem Jungen (er war höchstwahrscheinlich später dann doch verliebt in mich) für mein weiteres Leben geprägt hat.

Bikinizonen wurden im Teenageralter ja dann auch beäugt oder vielleicht eher unauffällig inspiziert, wie glatt sie sind. Von mir auf jeden Fall.

Ein weiteres einschneidendes Haarerlebnis hatte ich dann so mit neunzehn oder zwanzig.
Mein Vater hat eine »Ahnengalerie« in seinem Wohnzimmer aufgehängt, die ich mir dann ansah.
Wir haben sie so getauft.
Es sind Bilder von Verwandten von mir aus sehr früher Zeit aus dem Iran. Wahrscheinlich Mitte des 19. Jahrhunderts.
Er könnte mir sagen, wer diese Menschen auf den Bildern sind und wie unser Verwandtschaftsverhältnis aussieht, aber ich weiß es nicht.

Ich erinnere mich sehr gut an die Fotografien.

Die Menschen darauf waren sehr reich und gehörten zu einer Gesellschaft, die viele Bilder von sich hat machen lassen.
Familienbilder.
Familienportraits mit gemalten Blumenranken im Hintergrund und halben Geländern, die man als Requisite daneben gestellt hat.

Da standen sie dann, die Familienmitglieder.
Und ich war geschockt.

Die Frauen waren nur an ihren Kleidern und Brüsten zu erkennen.
Zuerst dachte ich, dass die Männer im Iran zu der Zeit einfach Kleider trugen oder Gewänder, die aussehen wie Kleider.

Denn die Frauen hatten sehr männliche Gesichter mit dunklen Bärten.
Und sie schienen sich dort ganz selbstbewusst, aufrecht und angehimmelt mit ihren männlichen Angehörigen zu versammeln.
Und fanden es gar nicht schlimm, dass sie Bart trugen.
Mein Damenbart war geradezu lächerlich kümmerlich zu dem meiner Urahninnen.

Ich fand es erstaunlich, irgendwie gruselig und gleichzeitig auch schön, dass Frauen so sein durften. Trotzdem wollte ich nicht sie sein.

Wirklich nicht. Ich fand es aber schön, dass ich Freunden davon erzählen konnte, ohne mich zu schämen.
Es war schön, dass ich über Haare reden konnte. Das hat es immerhin weniger tabuthematisch gemacht.

Heute entferne ich immer noch alle meine Haare und meinen Frieden habe ich damit nicht.
Alle Haare müssen weg, weg, weg.

Ich war mal bei der Haarentfernung, da hat die Kosmetikerin gesagt, ich hätte Hexenhaare.
Hexenhaare nennt man die Härchen, die am Kinn wachsen.
Schön ... und warum? Was ist mit den Hexen?

Und natürlich weiß ich, dass sie dort wachsen. Es ist mein Kinn.
Ich kenne dieses Kinn.

Ich mag nicht, wenn andere Menschen mein Aussehen kommentieren, ohne dabei lobend zu sein.
Aber wer mag das schon.

Hexenhaare, Damenbart, Stoppeln, Bikinizone ... viele Wörter, für bloß HAARE.

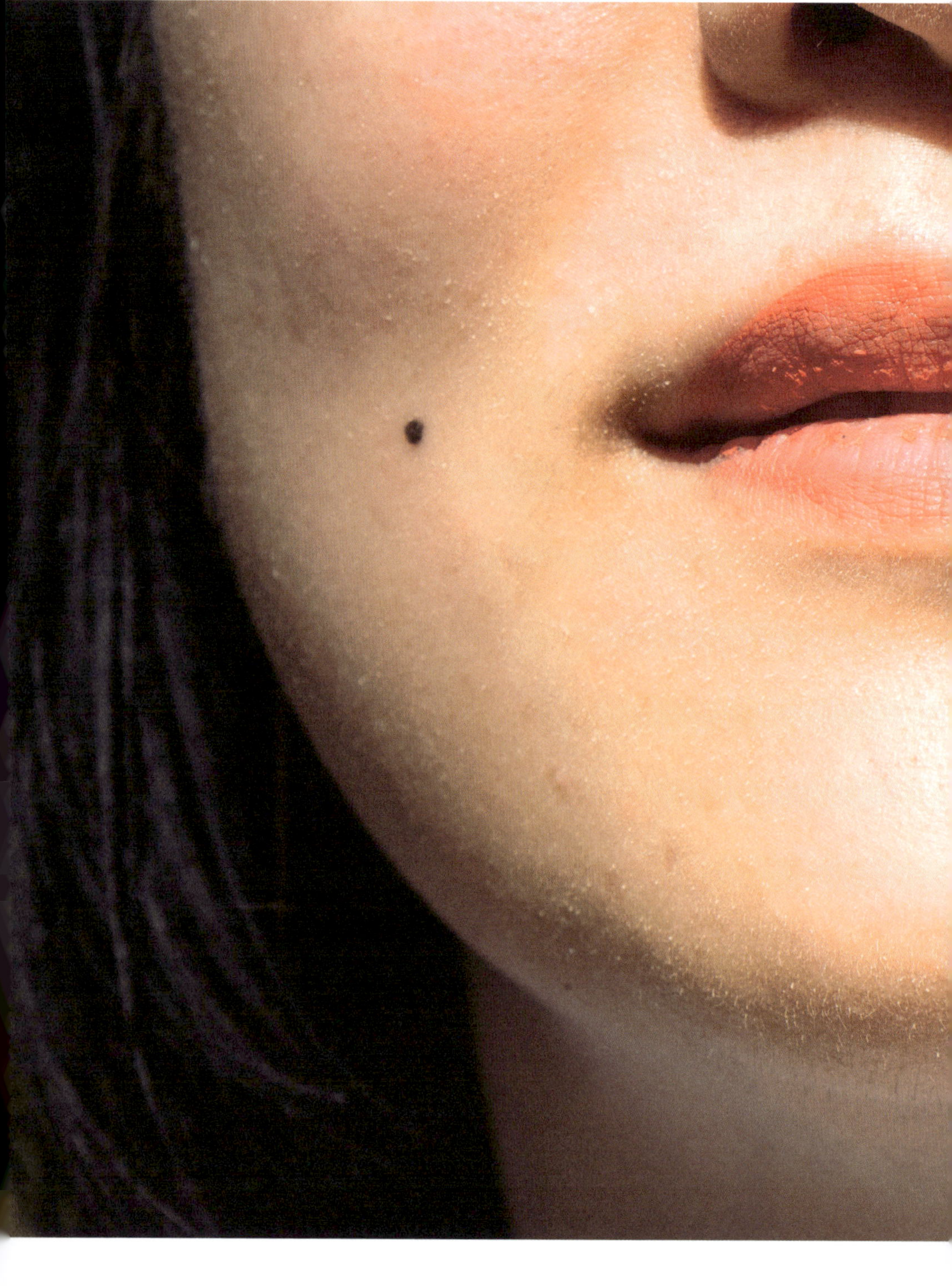

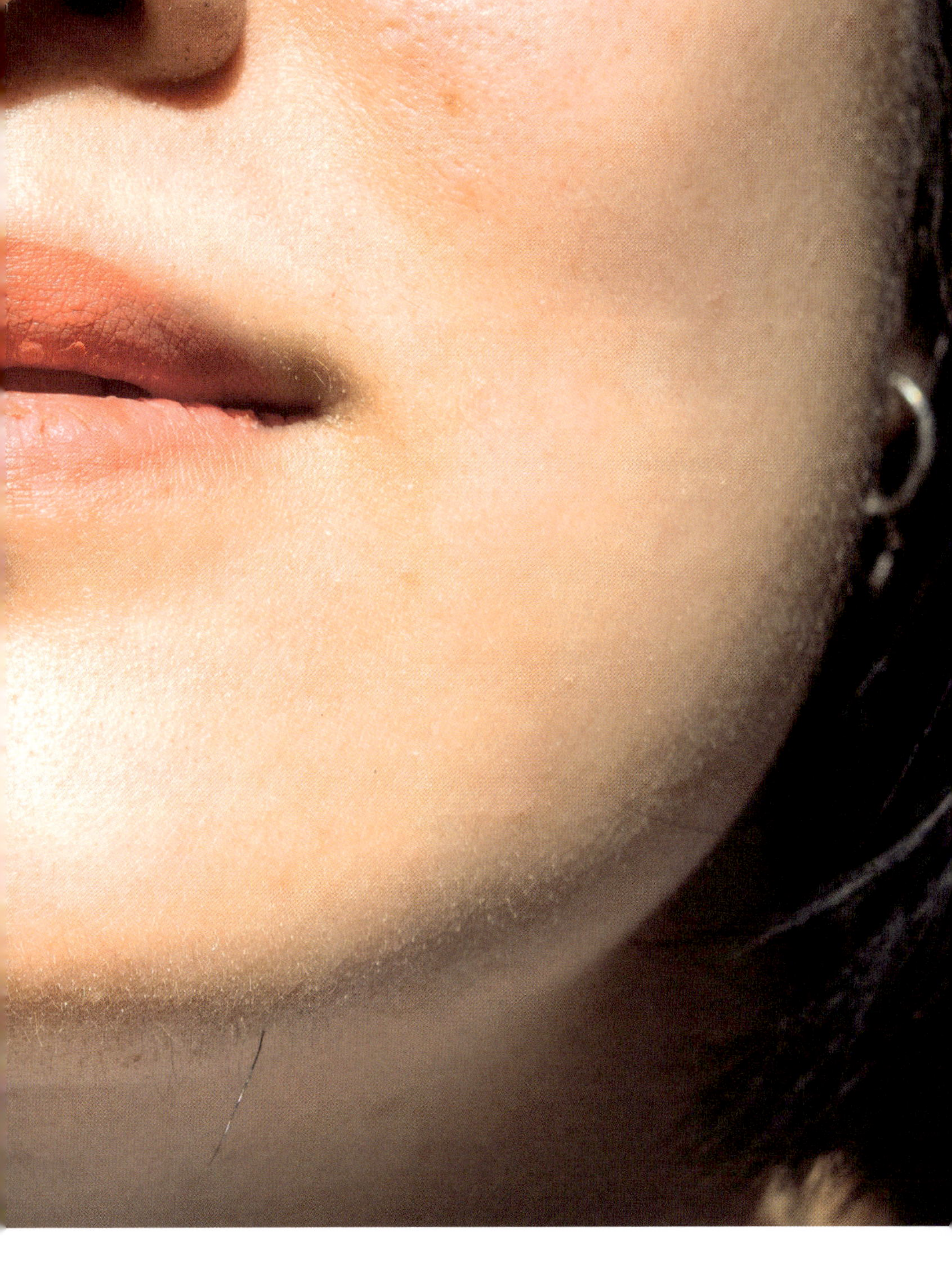

Auszüge aus einem Gespräch mit Fiona, 12 Jahre

Die Zeit, in der es anfängt

Sind Körperhaare an Frauen* für dich eher gewöhnlich oder ungewöhnlich?

Also ich wundere mich eher, wenn ich mal haarige Frauen* sehe. Die meisten, die ich kenne, haben kaum Körperhaare, weil sie sich alle abrasieren.

Und kannst du verstehen, warum die das machen?

Irgendwie kann ich das schon verstehen, aber es ist auch irgendwie unnötig, weil die Haare sind ja eigentlich nichts Schlimmes.

Kennst du auch Frauen*, die sich nicht rasieren?

Unter anderem meine Mutter. Und bei meinem Theaterprojekt war tatsächlich nur eine einzige dabei.

Das ist dir aufgefallen?

Ja, ich habe mich gewundert, weil ich dachte eigentlich, da das so im alternativen Stil war, dass da viel mehr sind, die sich nicht überall rasieren.

Mir scheint, du achtest da schon sehr drauf.

Bei den meisten in meinem Umfeld weiß ich, dass die sich rasieren, weil dann zum Beispiel ein Rasierer bei denen im Bad rumliegt. Oder es wäre ja auch ungewöhnlich, wenn welche mit neunzehn, zwanzig überhaupt keine Haare hätten, da denke ich schon, die müssen sich ja rasieren.

Wann hast du dir denn zum ersten Mal über Körperhaare Gedanken gemacht?

> Das war, glaube ich, im Schwimmbad. Da habe ich eine Frau* gesehen, in der Dusche, die wirklich komplett rasiert war. Und das fand ich irgendwie eigenartig, weil ich aus meinem Umfeld kannte, dass Frauen* da nicht komplett glatt waren oder nur teilweise rasiert und ich fragte mich, wie kann das sein, warum hat die da keine Haare?

Machst du dir auch Gedanken darüber, wie du mit deinen eigenen Körperhaaren umgehen sollst?

> Ja, langsam fangen die Haare bei mir an zu wachsen und ich frage mich schon, soll ich die jetzt wachsen lassen oder soll ich irgendwie weiter versuchen, die abzuschneiden? Weil, ich habe mich letztens mal derbe geschnitten – ich weiß nicht, ob ich das noch mal möchte. Also ich glaube, ich würde meine Haare gerne behalten wollen, aber es kommt auch darauf an, wie die anderen das machen. Weil in der Schule ist es ein ziemliches Problem, wenn man irgendwas anders macht.

Wirklich? Wie wirkt sich das aus?

> Ich hatte letztens mal so eine richtig weite Hose in der Schule an, das war total schlimm. Jeder, der an mir vorbei gegangen ist, hat irgendeinen doofen Kommentar abgegeben. Ich war so zerstört nach dem Schultag.

Wie furchtbar! Und Haare zu tragen wäre auch ein Problem?

> Ich glaube schon. Wo es ganz schlimm ist, ist bei zwei Freundinnen. Die sind ein Jahr älter als ich und bei denen ist das irgendwie ein ganz großes Thema. Da werden die Mädchen teilweise auch richtig runtergemacht in der Klasse. Es geht dann immer darum, wer wie weit entwickelt ist. Ich habe richtig das Gefühl, gerade beim Schwimmen, dass sich sehr viele schämen. Die schon haarigen Mädchen, die versuchen sich dann immer ins Handtuch zu hüllen und zupfen auch die ganze Zeit an ihrem Badeanzug rum und sowas. Die meinen, sie sind noch zu jung, um sich zu rasieren, aber wollen es dann später auch machen.

Hast du Freundinnen, die sich die Beine rasieren?

Beine jetzt nicht, aber einige von meinen Freundinnen rasieren sich schon die Achselhaare, ja. Beziehungsweise, sie rasieren sie nicht, sondern schneiden sie immer ganz kurz.

Weißt du, warum sie das machen?

Weil sie es einfach nicht schön finden, glaube ich. Weil das für die auch nicht ins Bild passt von 'ner Frau* – oder vom Mädchen*.

Und was findest du schön?

Ich weiß nicht, ich finde es ganz schwer, mir darüber eine Meinung zu bilden.

[Ich zeige ihr ein Foto von einer deutlich behaarten Frau*.]
Würden dich bei der Frau* hier denn ihre Achselhaare stören?

Ne. Also wenn es Werbung wäre, fände ich es schon irgendwie merkwürdig.

Warum?

In der Werbung für Shampoo, Bikinis oder sonst irgendwas habe ich tatsächlich noch nie jemanden mit Achselhaaren gesehen. Und deswegen macht man sich auch so ein Bild über Haare.

[Ich zeige ihr ein zweites Foto von einer Frau* ohne sichtbare Körperhaare und lege die beiden Bilder nebeneinander.]
Wenn du beide Bilder, beide Möglichkeiten siehst, bei welcher Frau* findest du zum Beispiel die Beine schöner?

Also im Auge des Betrachters fände ich die Beine hier schöner (enthaart), aber wenn ich darüber nachdenke, wie das vielleicht auch wehtun kann, sich zu schneiden oder sich die Haare zum Beispiel mit Wachsstreifen oder sonst was abzureißen oder was das für den Körper bedeutet, das immer abzumachen – das ist ja auch vielleicht nicht immer gut – dann würde ich eher die anderen Beine nehmen. Man denkt nur halt bei haarigen Beinen gleich an Männer*.

Dabei ist es von der Natur aus gar nichts männliches*, weil Frauen* haben ja auch Haare.

Aber bei Männern* ist es eher ok, dass sie mehr Haare überall haben. Ich fände das sogar irgendwie eigenartig, wenn die komplett rasiert wären. Bei Frauen* ist das schon mehr Standard geworden.

Und was macht das mit dir?

Das ist halt dieser Gruppenzwang. Man will ja dazugehören und gemocht werden. Ich glaube, wenn die meisten sich nicht mehr rasieren würden, dann würde es wahrscheinlich auch wirklich fast keiner mehr machen. Ich habe mir jetzt für das neue Schuljahr vorgenommen, ein bisschen mehr ich selber zu sein und nicht so von allen anderen mitgezogen zu werden.

Corinne Frottier, 66 Jahre

Meine erste Rasur

Im Sommer 1967 besuchte ich meine Tante, die Schwester meiner Mutter, in Spanien. Ich war vierzehn und, wie es allgemein von diesem Alter behauptet wird, widerspenstig und rebellisch. Mein Körper war mir durch die seit geraumer Zeit drastischen Veränderungsvorgänge fremd geworden. Ich verstand ihn nicht mehr, wie ich mich selbst nicht mehr verstand und das machte mich unglücklich. Meine tiefe Verunsicherung darüber verbarg ich hinter einer abweisenden und wortkargen Fassade.

So saß ich an einem heißen Vormittag im Bikini am Pool und grübelte über die Sinnlosigkeit meiner Existenz, während meine jüngeren Cousinen und Cousins fröhlich im Wasser plantschten. Plötzlich stand meine Tante neben mir und bat mich, mit ihr mitzukommen. Unwillig stand ich auf und folgte ihr ins Badezimmer. Dort holte sie aus einer Schublade einen Nassrasierer und eine Flasche Rasierschaum. Dann deutete sie auf meine behaarten Beine, ein Umstand, der mir noch nicht sonderlich aufgefallen war, da er mich im Gegensatz zu anderem »Wachstum« bisher nicht gestört hatte, und meinte, so könne ich mich nicht mehr in der Öffentlichkeit zeigen. Sie forderte mich auf, mich auf einen bereitgestellten Hocker zu setzen, und sprühte meine Beine mit Rasierschaum ein. Dann fuhr sie mit dem Rasierer vom Knöchel des rechten Fußes über mein Schienbein bis zum Knie. Ich blickte auf die rosa schimmernde Bahn, die dadurch entstanden war. Meine Tante drückte mir den Rasierer in die Hand und forderte mich auf, es nun selbst zu probieren. Ich war so verblüfft und über diese unerwartete Aktion so eingeschüchtert, dass ich zu protestieren vergaß. Vorsichtig zog ich die Klinge über mein Schienbein und setzte eine zweite Bahn neben die erste. Es kratzte und brannte ein wenig, ich konnte sehen, wie die Haut sich an den Haaransätzen zu röten begann.

Meine Tante ließ das Waschbecken volllaufen, nahm mir den Rasierer aus der Hand, tauchte ihn ins Wasser und schwenkte ihn darin hin und her. Der Schaum löste sich von der Klinge und trieb wie kleine Eisberge auf der Wasseroberfläche. Die abrasierten Beinhaare bildeten auf ihnen Muster aus Linien und Kurven und blieben, nachdem das Wasser abgelassen worden war, auf dem Beckenboden liegen.

Ab jetzt müsse ich das regelmäßig machen, sagte meine Tante in einem verschwörerischen Ton, nachdem sie auch meine Achselhöhlen inspiziert und für rasierwürdig erklärte. Haare hatte eine Frau auf dem Kopf und das möglichst in prachtvoller Fülle zu haben, an allen anderen Stellen sei es vulgär und ungepflegt. Schließlich seien wir keine Tiere sondern zivilisierte Lebewesen. Zudem sei es auch eine Standesangelegenheit, nur Frauen niederer Herkunft ließen solchen Wildwuchs auf ihrem Körper zu. Damit war meine Initiation beendet, ich sollte noch das Waschbecken säubern und zu den anderen an den Pool zurückkehren.

Einige Jahre später entfernte mir eine Friseurin die Augenbrauen auf meiner Nasenwurzel, denn, so klärte sie mich auf, das sei unweiblich und würde auf einen jähzornigen Charakter hinweisen. Dachte sie, sie würde mir mit den überschüssigen Borsten auch den Jähzorn auszupfen?

Dasselbe wurde mir von meiner Gynäkologin nahegelegt, als sie anlässlich der Krebsvorsorge meine Brüste abtastete und dabei eine sehr leichte Behaarung um meine Warzenhöfe bemerkte. Ich muss zugeben, dass mich all diese Kommentare über lange Zeit so sehr verunsichert haben, dass ich die Aufforderung, mich zu »enthaaren«, kleinlaut befolgte – bis zu meinem Coming-out.

Inzwischen lebte und studierte ich in Köln und hatte die Frauenbewegung entdeckt. Ich trug lila Latzhosen, engagierte mich frauenpolitisch, stand endlich öffentlich zu der Tatsache, dass ich Frauen liebte – und ließ meinem Körperhaarwuchs freien Lauf.

Meine Mutter war entsetzt. Als sie mich einmal beim Duschen im Bad sah, äußerte sie sich bestürzt über mein »ungepflegtes« Aussehen. Da sie sehr gläubig ist, schockierte ich sie mit der Bemerkung, der liebe Gott hätte sich sicher etwas bei meiner Behaarung gedacht, sonst wäre ich mit einer Rasierklinge versehen auf die Welt gekommen.

Die Zeit der feministischen Revolution ging vorbei, ich begann mich wieder unwohl zu fühlen, wenn ich im Freibad wegen meiner dichten Beinbehaarung angestarrt wurde. Im Drogeriemarkt prangten inzwischen die Frauenrasierer von den Regalen, sie trugen die Namen der Muse der Schönheit und waren in allen Schattierungen von Rosa bis Pink zu haben, nebst Schaum und Lotionen für »danach«. Die Werbung überschüttete uns mit Bildern von Beinen so nackt, so seidig und vollkommen unsinnlich wie jene von Barbie und Achselhöhlen so rein und keimfrei wie Gummihandschuhe. Ich wurde schwach und rasierte mich wieder.

Inzwischen habe ich ein Alter erreicht, in dem ich mich eher davon getroffen fühle, dass mir die Haare ausfallen. Auf den Beinen und in den Achseln wachsen sie nur noch langsam und spärlich, auf dem Kopf und auf der Vulva werden sie weiß und fallen aus. Während ich dies schreibe, wird mir die Absurdität bewusst, dass wir durch Werbung und soziokulturelle Konventionen angehalten werden, Körperhaare in den Jahren unserer größten Vitalität zu entfernen, im Alter jedoch mit diversen Wässerchen und sonstigen vielversprechenden Mitteln neuester Forschungsergebnisse, die wir sowohl äußerlich als innerlich anwenden, versuchen, unseren Haarwuchs zu fördern oder zumindest zu erhalten.

Letztlich ging es mir, wie den meisten Frauen, nur darum, attraktiv und begehrenswert zu sein, weswegen ich auch bereit war, mich all die Jahre dem Schönheitsdiktat der Haarentfernung zu unterwerfen.

Kerstin, 54 Jahre

Gedanken vor dem Regal

Wann war das eigentlich? Es muss am Ende des Jahrtausends gewesen sein, also Ende der 1990er Jahre. Irgendwann zu diesem Zeitpunkt fand ich mich auf einmal in einer Drogerie wieder, am Regal der Ladyshave-Produkte, bei der Überlegung, ob Rasieren oder doch gleich Epilieren. Der Feind, dem es nun an den Kragen gehen sollte, waren meine Haare an den Beinen. Aber das war gar nicht so einfach, denn mich stieß das, was ich dort als Werbung im Regal sah, ab. Die jungen Frauen mit langen, haarfreien Beinen und Achselhöhlen, die mit unglaublich lässigen langen Kopfhaaren glücklich in die Kamera blickten und dir durch ihr Abbild versprachen, dass du, wenn du an bestimmten Körperstellen haarlos sein würdest, ein wunderbares, zufriedenes und vor allem ein durch und durch ›weibliches‹ Leben führen würdest – diese leeren und sinnlosen Versprechen kotzten mich regelrecht an. Ich war nicht wie diese Frauen – und trotzdem stand ich vor dem Regal und kaufte mir damals meinen ersten Rasierer.

Wie war es dazu gekommen? Warum fand ich auf einmal, im Alter von über dreißig Jahren, meine Beinbehaarung so hässlich, dass ich bereit war, mich in die Riege der sich rasierenden Frauen* einzureihen? Warum war mir dieser angebliche Mangel an meinem Körper nicht schon sehr viel früher aufgefallen? Was oder wer hatte sich verändert und warum? Ich erinnerte mich noch gut, dass ich keine fünf Jahre vorher, Mitte der 90er Jahre, selbstbewusst und mit erhobenem Haupt mit unrasierten Beinen durch den Central Park in New York gelaufen war und mich lachend über die pikierten Blicke der Amerikaner*innen hinwegsetzte, die mich – bzw. meine natürlich behaarten Beine – offen angestarrt hatten. Damals fand ich meine Beine schön, ich sah nicht ein, dass ich mich an ein merkwürdiges Schönheitsideal anpassen sollte, dass ich etwas entfernen sollte, was doch sowieso immer wieder kam und das zu allen Menschen dazugehörte.

Und dann das: Nur wenige Jahre später war es vorbei mit dem Selbstbewusstsein und den unrasierten Beinen und ich schickte mich an, nun doch dem Schönheitsideal zu folgen. Warum? Ich hatte keine schlechten Erfahrungen gemacht, hatte mir nicht, wie eine Freundin mir erzählte, eine abfällige Bemerkung eines männlichen Partners beim Sex über die unrasierten Beine anhören müssen. Ich hatte keine – wie eine andere Freundin berichtete – Bemerkung über den ›ekeligen Busch‹ unter den Armen zu hören bekommen; sprich, ich hatte keinerlei schlechte Erfahrungen mit mir und meinem Körperhaar gemacht. Warum dann aber stand ich da an diesem Regal – ja, warum?

Es war das erste Mal in meinem Leben, dass mir schmerzlich deutlich wurde, dass ich nicht uneingeschränkt frei in meinen Handlungen war und dass sich gesellschaftliche Vorstellungen in mich einlagern, ohne dass ich dies bemerke und ohne, dass ich mich davor schützen kann. Ich bemerkte hier überdeutlich die Macht der Vorstellungen und Ideen, der Konventionen und Ideale, in die ich als Mitglied einer Gesellschaft oder einer bestimmten Gruppe in der Gesellschaft eingebettet war und bis heute bin. Diese konnten mich schützen und behüten, wenn ich mit ihnen konform ging, sie konnten sich aber auch gegen mich wenden, wenn ich mich einer Außenseiterposition anschloss. Als ich damals Mitte der 1990er Jahre in den USA war, kam ich aus einer Gesellschaft, in der viele Frauen noch Körperhaare hatten. Vor allem wir Feminist*innen trugen selbstverständlich alle unsere Haare und demonstrierten damit gegen ein – so dachte ich damals – Schönheitsideal, welches nicht das unsere war, das aber auch in der deutschen Gesellschaft noch nicht flächendeckend Einzug gehalten hatte. Sollten doch die Amerikaner*innen jeden Tag an einem haarfreien Körper arbeiten – wir taten das nicht und es schien, als ob sich das auch nicht ändern würde. Schließlich war Deutschland das Land der Freikörper-Kultur, der FKK-Bewegung und der Idee eines natürlichen und dadurch schönen Körpers. Auf diese Ideen stand ich, als ich die USA besuchte und so konnte ich ohne innere Widerstände mit behaarten Beinen in den USA sein – meine (noch) körperhaarfreundliche Gesellschaft schützte mich, meine Community stand hinter mir und ich wusste, Haare zu zeigen ist der wahre Feminismus.

Und dann war es auf einmal in Deutschland mit den Haaren vorbei. Ich sah auf den Straßen nur Frauen mit enthaarten Beinen und

Achseln. Gestandene Feminist*innen glänzten auf einmal mit dem Geständnis, sich schon immer die Beine enthaart zu haben, andere zeigten einfach kein bloßes Bein mehr und das alternative Gespräch über das Körperhaar auf dem Frauenkörper erlosch. Und die Werbung mit den langhaarigen und körperhaarlosen Frauen begann sich durchzusetzen. Langsam aber sicher verschwanden die behaarten Beine aus der Öffentlichkeit. Es gab sie nicht mehr in den Schwimmbädern, auf den Straßen oder im Zug. Für junge Frauen wurde es selbstverständlich, sich ab einem bestimmten Alter mit der Kunst der Enthaarung zu beschäftigen und es gab immer weniger Mütter oder Schwestern, die sich der flächendeckenden Enthaarung mit ihren eigenen behaarten Körpern in den Weg stellten. Und vor allem gab es in feministischen Zusammenhängen keine Problematisierung der Enthaarung mehr – andere Themen waren wichtiger. So konnte die Enthaarungsidee sich immer weiter durchsetzen und ein normiertes Schönheitsideal aus der Taufe heben, welches nun für alle zu gelten hatte – wie sich bald zeigte, auch für Männer. Die Entscheidung, wie ich es mit dem Enthaaren halten wollte, verlagerte sich immer stärker in die einzelnen Körper hinein – jede*r musste sich nun eine Meinung dazu bilden, jede*r ihren* eigenen Weg finden, denn den einen Weg, die feministische Position gab es nicht mehr.

Und so fand ich mich Ende der 90er Jahre auf einmal vor diesem Ladyshave-Regal mit dem Wissen um die gesellschaftliche Normierung im Kopf und der gleichzeitig empfundenen Abneigung gegen die Beinhaare im Bauch. Ich führte nun nicht mehr mit anderen draußen das Gespräch über die politische Bedeutung von weiblichem Körperhaar, sondern in mir – und kam zu keinem schlüssigen Ergebnis. Oder sagen wir es so: Mal gewann der Kopf und mal der Bauch. Zwischen wachsen lassen und enthaaren müssen schwankte ich hin und her. Mal gewann der politische, überindividuelle Anspruch und dann wieder das gelernte, angeblich individuelle ästhetische Gefühl. Und heute?

Ich habe in den letzten Jahren gelernt, dass ich mich nicht einfach für eine Seite entscheiden kann. Der Kopf kann nicht einfach das Gefühl beherrschen und umgekehrt kann ich meinen politischen Anspruch als Feministin nicht vor meinen Beinen enden lassen. Was ich aber auch gelernt habe ist, dass ich mich nicht mehr bestrafen muss, indem ich zwingend einem Model folge. Ich kann inzwischen viel besser mit meiner eigenen Ambivalenz leben. Ich kann die enthaarten Beine schön finden und das Beinhaar nach dem Rasieren auch wieder wachsen lassen. Ich kann begeistert den neuen feministischen Debatten über Körperbehaarung folgen und trotzdem zum Rasierer greifen. Denn ich muss zufrieden in meinem eigenen Körper sein – mit all den Beeinflussungen, denen dieser ausgesetzt ist. Ich selber bin es ja, die in meiner Körperhülle steckt und es macht keinen Zweck diese nicht zu schätzen und zu schützen.

Aber falle ich damit meinen feministischen Schwestern* nicht in den Rücken? Kann ich nicht jetzt, wo wieder eine Debatte über Körperbehaarung entsteht, wo Körperhaar zu tragen wieder als Zeichen einer nicht normierten Körperlichkeit verstanden, als feministisches Statement gelesen wird, mich endgültig entscheiden?

Zugegeben, es fällt mir wieder leichter, selbstbewusst meine unrasierten Beine zur Schau zu stellen, aber trotzdem merke ich auch, dass dies nicht die Lösung des Problems ist. Vielmehr möchte ich für mich erreichen, dass ich immer besser verstehe, warum ich tue, was ich tue. Ich möchte wissen und verstehen, warum ich mich enthaare oder auch nicht. Welchem Schönheitsideal folge ich wann und in welchem Zusammenhang? Was setze ich damit wo für ein gesellschaftliches Zeichen? Ich möchte mich in meinem Körper wohl fühlen und sie[I] nicht zum Schauplatz politischer oder gesellschaftlicher Kämpfe machen – auch wenn ich mir darüber bewusst bin, dass unsere Gesellschaft voll ist mit Körperpolitiken, die mich einschränken oder loben, je nachdem wie ich mich entscheide. Achtsamkeit und Selbsterkenntnis scheinen mir heute der beste Weg dafür zu sein, mit Anforderungen an uns, durch andere und auch durch uns selbst, umzugehen. Nur wenn wir verstehen, was wir über die Dinge denken und warum wir handeln wie wir es tun, erreichen wir eine Freiheit, in der wir dann hilfreich für uns und andere sein können. Und diese kann durchaus darin bestehen, mit behaarten Beinen durch die Fußgänger*zone zu laufen.

[I] Ich kann in diesem Zusammenhang nicht von meinem Körper in der männlichen Form sprechen – daher bezeichne ich meinen Körper hier als SIE.

SUSIE TRAF EINEN MANN, IN DEN SIE SEHR VERLIEBT WAR.

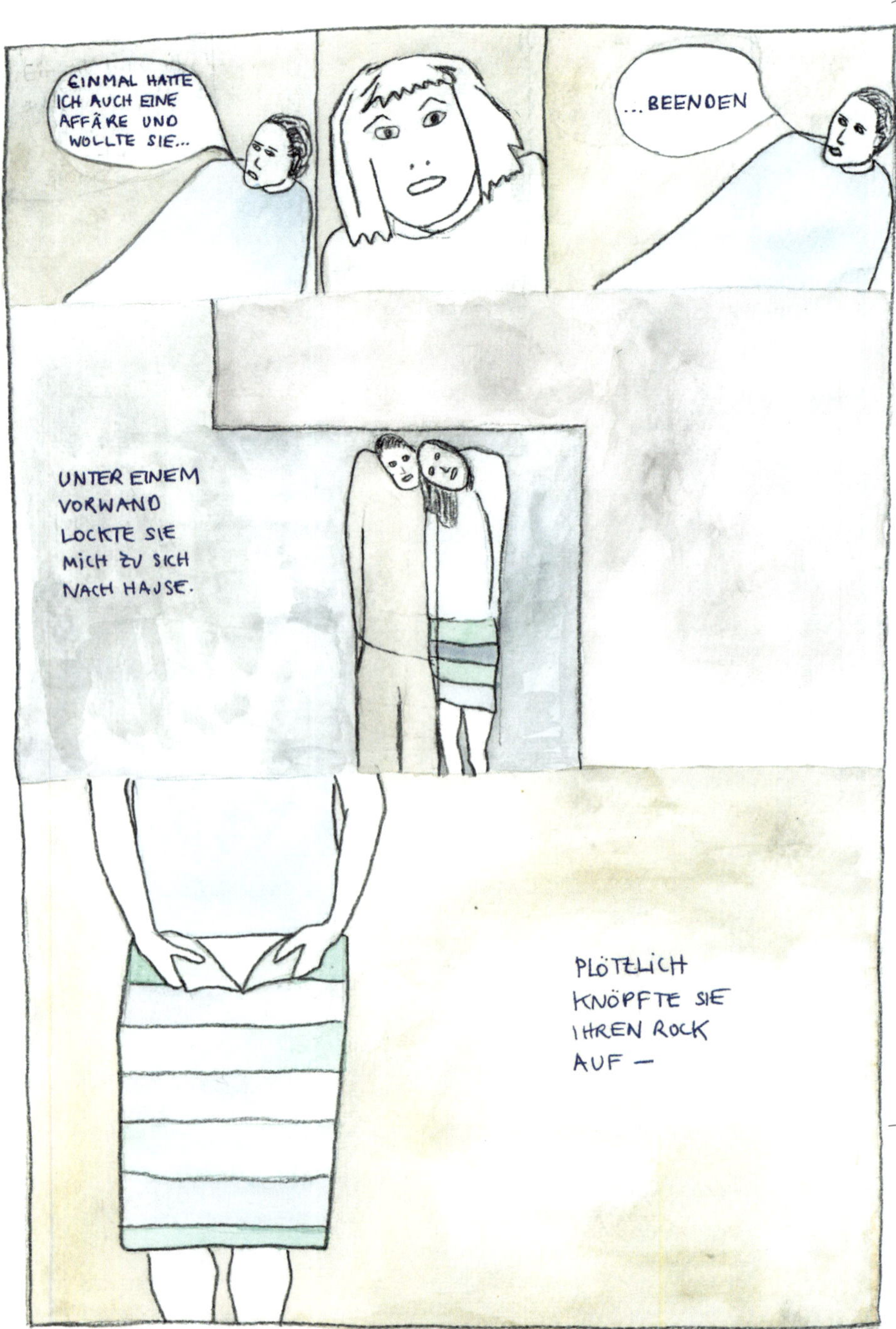
EINMAL HATTE ICH AUCH EINE AFFÄRE UND WOLLTE SIE...
...BEENDEN
UNTER EINEM VORWAND LOCKTE SIE MICH ZU SICH NACH HAUSE.
PLÖTZLICH KNÖPFTE SIE IHREN ROCK AUF –

ICH WURDE ROT. DIE SCHUHE HATTE ICH
NOCH AN.

SIE HATTE EINE SCHAMHAARFRISUR, DIE AUSSAH WIE DAS BRANDENBURGER TOR.

Ich habe eine Schamhaarfrisur, die aussieht wie das Brandenburger Tor!

Wir schliefen natürlich sofort miteinander.

SEIT DEM TAG DACHTE SUSIE ÜBER DIE SCHAMHAARFRISUR, DIE AUSSAH WIE DAS BRANDENBURGER TOR, NACH.

Schamhaarfrisur: Hübsch rasiert
Das sind die Haar-Trends...
Von Brazilian bis Wildwuchs.
DAS sind die beliebtesten...
Intimfrisuren mögen
Männer bei Frauen.
Brandenburger Tor - Wiki
Traumjob WM-Hostess?
Intimrasur - Wikipedi..
Susie dachte nach.
© ZORA RUX 2019

TF, 35 Jahre

Meine Lehrmeisterin

Meine Körperbehaarung und ich haben seit meiner Pubertät eine ebenso innige wie gestörte Beziehung, denn sie will nicht immer so wie ich, was gerade in Teenagerjahren ein erhebliches Problem darstellte.

Vielleicht habe ich mich auch so lange an ihr gestoßen, weil sie von jeher etwas kann, das ich noch immer am erlernen bin: wachsen, ohne auf die Meinung anderer zu achten.

OMG, ging mir meine Behaarung auf den Sack: widerlich, diese Rücksichtslosigkeit gegenüber gesellschaftlich perfektionierten Komplexen. Die blöde Kuh wuchs frei jeglicher Scham einfach kreuz und quer vor sich hin und scherte sich um nichts – außer, wenn ich sie scherte. Dann rebellierte nämlich ihre sensible Freundin Haut ordentlich rum und ließ mich dank eitriger Haaransätze wissen, dass da doch etwas fehlt. So haben mir die beiden schon so manche Lektion erteilt, wenn ich versuchte sie zu trennen:

Da enthaart man sich z.B. vor einem Date nach der neusten Mode, um attraktiv zu wirken – und verbringt die nächsten drei Tage mit der Hand am Schritt: wahnsinnig sexy, oder?

Oder: Als mit 13 Jahren ein leichter Flaum zwischen Schambereich und Bauchnabel auftauchte, rasierte ich ihn in heller Panik ab. Mit dem Resultat, dass ich nun in diesem Bereich eher einem heteronormativen Männermodel ähnle – auch 20 Jahre später noch. Auch hier gilt: Die mühsame Arbeit mit der Pinzette wird mit Pickeln bestraft, ein Traum für die Bikinizeit.

Kurzum, meine Haare sind eine tolle Lehrmeisterin. Wenn ich versuche, sie nach meinen Vorstellungen zu formen, schlagen sie unbarmherzig zurück. Früher habe ich sie dafür gehasst. Zu verunsichert war ich durch Werbung, Film und Peer-Pressure. Sich so nehmen wie man ist war out, auch damals stand schon Selbstoptimierung auf dem Programm.

Wo kämen wir da denn auch als Gesellschaft hin, wenn man sich einfach schön finden würde, so wie man ist? Gegen den dann entstehenden Verlust von Arbeitsplätzen in der Komplexe-Beschaffungs-Industrie wäre das Ende des Kohleabbaus oder das Einstampfen der deutschen Autoindustrie nix.

Mittlerweile bin ich etwas älter, gelassener und emanzipierter und lasse meine Haare, vielleicht auch mehr aus Faulheit als aus Überzeugung, einfach machen, was sie wollen – zumindest meistens. Wie es dazu kam? Nun ja, meine zehn Jahre jüngere Mitbewohnerin verbrachte vor zwei Jahren Stunden vor einem Date im Bad, um sich am ganzen Körper zu enthaaren – auch untenrum. Als ich sie damit aufzog, fragte sie mich, ob ich das etwa nicht täte, woraufhin ich in Lachen ausbrach. Mein einmaliger Versuch der Intimrasur, nachdem ich mich doch reichlich entfraut und in meinen Kinderkörper zurückgebeamt gefühlt hatte, plus die erwähnte Rache meiner Haut, hatten mich von dieser Maßnahme Abstand nehmen lassen. Meine Mitbewohnerin war entsetzt, das sei doch unhygienisch.

Ich fand dieses gestörte Verhältnis zur eigenen Körperbehaarung – besonders ob der uns zur Verfügung stehenden Revolution der Wasserleitung – dermaßen absurd, dass ich ein Experiment startete: Ich nahm mir vor, meine Beine, die die Zäsur bisher am besten mitgemacht hatten, ein Jahr lang in Ruhe zu lassen. Und siehe da: Auch in diesem Bereich stand meine Körperbehaarung der eines Fußballprofis um nichts nach.

Aber ich will hier nichts beschönigen: Die Reaktionen waren anstrengend. Meine Tochter, meine Mitbewohnerin und meine Freundin machten ständig Witze und in der Stadt wurde ich so manches Mal angestarrt. Ich besann mich dann auf mein Wissen in Sachen Herrschaft durch Norm und auf meine emanzipatorischen Werte und machte weiter, aber es war nicht immer einfach und in jedem Fall ein aktiverer Prozess, als einfach mit dem Strom zu schwimmen. Nach der Einjahresmarke und unzähligen, durch meine Beinbehaarung ungefragt initiierten Gesprächen zu dem Thema, habe ich mir meine Wolle vor einigen Monaten abgeschoren. Nicht, weil ich mich für sie schämte, sondern weil mir die Aufmerksamkeit schlicht zu anstrengend war. Aktuell trage ich Stoppeln in der Variante bis 0,7 cm – täglich oder wöchentlich rasieren geht echt nicht (mehr) klar. Das ist dank heller Haare eine ganz akzeptable Zwischenlösung für mich.

Und obwohl ich meine Beinhaare nun nicht mehr geflochten tragen kann, hat das Jahr mit langen Beinhaaren doch dazu geführt, dass meine gesunkene Hemmschwelle anhält. Früher wäre ich mit den Stoppeln nicht vor die Tür gegangen, heute denke ich nicht mal mehr drüber nach. Und auch mein Freund ist dank der Schocktherapie völlig desensibilisiert, was meine Beinbehaarung angeht und ein Stück weiter sensibilisiert für den Anpassungsdruck, unter dem weibliche Körper so stehen.

Ganz so wild und frei wie meine Körperbehaarung bin ich also leider noch nicht, aber sie bleibt mir ein stetig wachsendes Vorbild, das sich von nichts klein kriegen und von niemanden, nicht mal mir, dauerhaft klein halten lässt.

Jüngst ließ mich meine Tochter wissen, dass meine buschigen Augenbrauen (Marke Faulheit) gerade »in« seien. Wer weiß, vielleicht setzt sich das ja auch in Sachen Beinbehaarung bald durch. Dann wäre ich zur Abwechslung in den Augen des Mainstreams mal keine »stinkende Hippie-Frau« sondern Trendsetterin. Wäre ja auch mal was ;)

Theresa Donkor, 30 Jahre

Zwischen Hygienevorschrift und Attraktivität

Wenn du Haare an deinen Beinen oder unter deinen Achseln hast, ist hier in Ghana klar, was zu tun ist: Du solltest dich rasieren. Rasieren ist Teil unserer Kultur. Wir machen es vielleicht einmal pro Woche. Ich hingegen rasiere mich ein- oder zweimal im Monat. Da ich sehr haarig bin, rasiere ich mich nicht regelmäßig – es würde zu viel meiner Zeit kosten.

Als ich jünger war (angefangen mit zehn oder zwölf Jahren), rasierte meine Mutter meinen Körper für mich. Sie dachte, wie die meisten Menschen, dass es nicht hygienisch sei, Körperhaare zu haben. Es ist weit verbreitet, dass Parasiten in den Haaren leben können, weswegen es für Frauen (sowie Männer) notwendig ist, die Haare zu entfernen, um hygienischer zu sein. Aus diesem Grund zwang meine Mutter mich auch dazu, mich meiner Haare zu entledigen. Weil sie es so lange für mich getan hat, bin ich manchmal etwas faul, es nun selbst zu tun. Ich mag rasieren einfach nicht. Es gibt Zeiten, da rasiere ich mich gar nicht, außer es steht eine Durbar oder eine andere traditionelle Feier an. Es wäre nicht höflich, zu einer Durbar zu gehen, wenn du haarig bist. Die anderen Gäste würden dich als unzivilisiert empfinden. Sie würden über dich reden und dich unwohl fühlen lassen. Alle würden sich dafür schämen, dass du haarig bist, als wärst du eine absolut unhygienische Person. Um höflich zu sein und damit du dich wohlfühlen kannst, musst du dich rasieren, wenn du zu solchen Feierlichkeiten gehst.

Heutzutage sieht die ghanaische Jugend Haare an Beinen, Armen und unter den Achseln als Mode an, als etwas Gutes. Wir rasieren uns viel seltener oder auch gar nicht. Manchmal regen sich meine Eltern auf, wenn ich meine Achseln nicht rasiert habe und ich widerspreche ihnen dann. Sie denken, dass es nicht hygienisch sei und fragen mich als eine verheiratete Frau: »Wie kann dein Mann dich nur lieben mit diesen Achselhaaren?« Aber meiner Erfahrung nach sehen Männer Frauen mit Körperhaaren immer noch als sexy an und halten sie demnach sogar davon ab, sich zu enthaaren. Als ich meinen Mann kennenlernte, sagte er mir, ich solle meine Beine und Achseln nicht rasieren, weil er es liebt, mit mir Sex zu haben, wenn dort Haare sind. Das mache aus mir eine erwachsenere Person. Wenn ich mich rasiere, werde ich zu einem kleinen Mädchen.

Ich wurde auch gefragt, ob ich mich aus Schönheitsgründen rasiere, aber nein, kein bisschen. Es ist das Gegenteil: Durch Körperhaare fühle ich mich attraktiv. Frauen in der westlichen Welt haben, warum auch immer, die Meinung, dass sich frisch rasierte Beine und Arme himmlisch anfühlen und glatte Haut eine Frau attraktiv und weiblich macht. Das kommt mir vor, wie eine absolut sozial konstruierte und künstlich erzeugte Vorstellung. Das Bild von Frauen, die ihren Haarenentfernungs-Praktiken das Erlangen von mehr Weiblichkeit und Attraktivität zusprechen, führt genau dazu, dass Frauen sich weiterhin unwohl in ihrem Körper fühlen.

Für mich ist es absolut optional, ob ich meinen Körper rasiere oder nicht, außer es gibt ein kulturelles Gebot, welches es mir vorschreibt. Rasieren gefällt mir nicht und ich sehe es nicht als Notwendigkeit an, meine Haare zu entfernen, denn sie sind wunderschön und sexy.

Übersetzt aus dem Englischen

Martha Luise, 28 Jahre

Stoppelig heißt nein

Ich war auf der Hochzeit von Freund*innen von mir. Ich trug mein schönstes und einziges Kleid, hatte mir eine schicke Frisur gemacht, trug hohe Schuhe und hatte mir meine Beine rasiert. Das Ganze passierte im Stress. Für meinen Venushügel blieb da wirklich keine Zeit mehr. Aber warum auch? Ich hatte schon lange keinen mehr abgeschleppt und hatte es auch nicht vor.

Naja, was passierte?

Ich lernte auf der Hochzeit André kennen, wir tanzten und knutschten die ganze Nacht.

Als wir mit dem Sammeltaxi nach Hause fuhren, stieg ich aus und er fragte mich, ob er auch aussteigen müsste. Er wollte gerne. Und ich wollte auch. So sehr.

Doch ich sagte nein, ging alleine nach Hause, setzte mich auf die Toilette und starrte meine stoppelige Vulva an.

Am nächsten Tag verließ André die Stadt und ich rasierte meine Vulva.

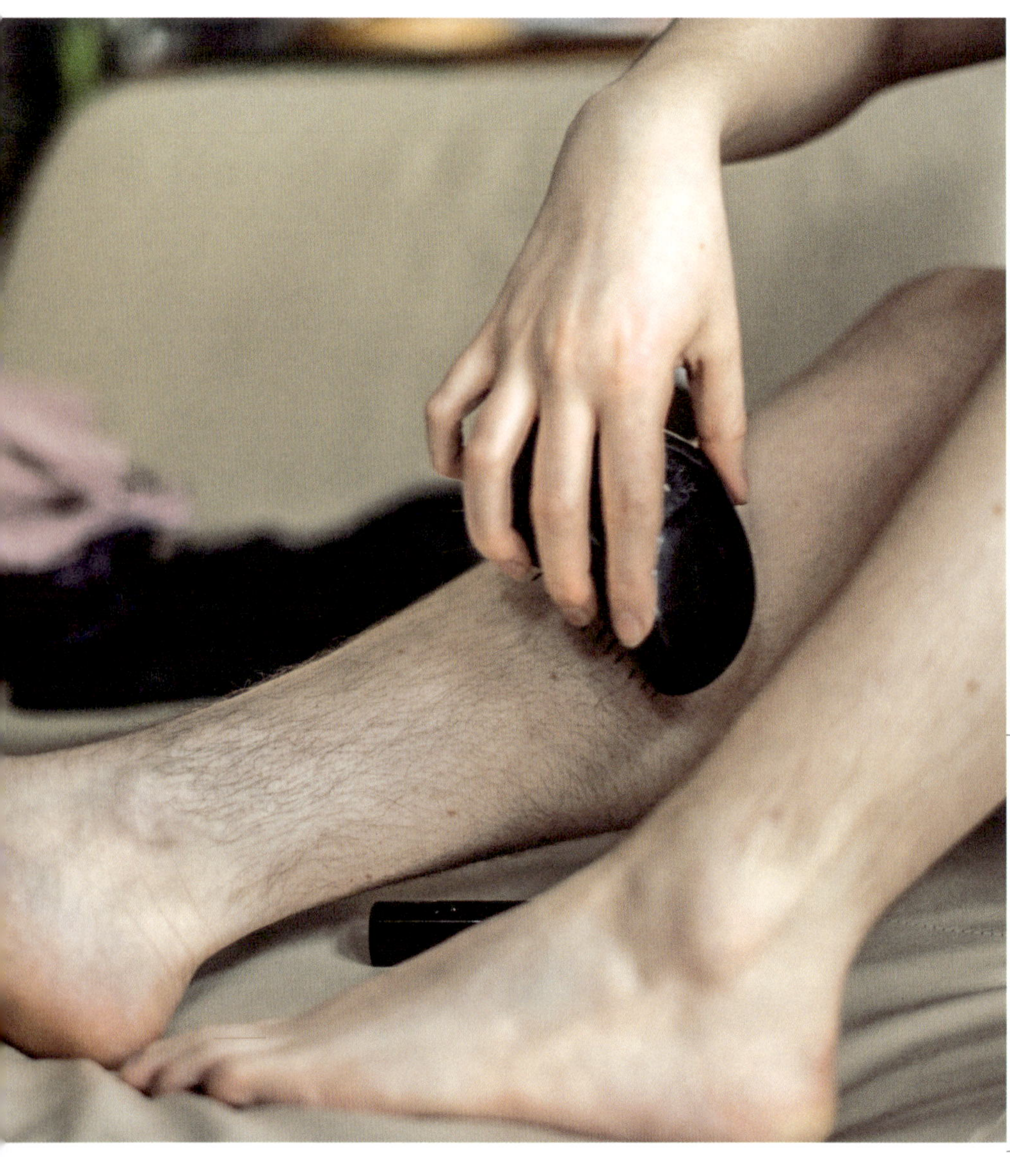

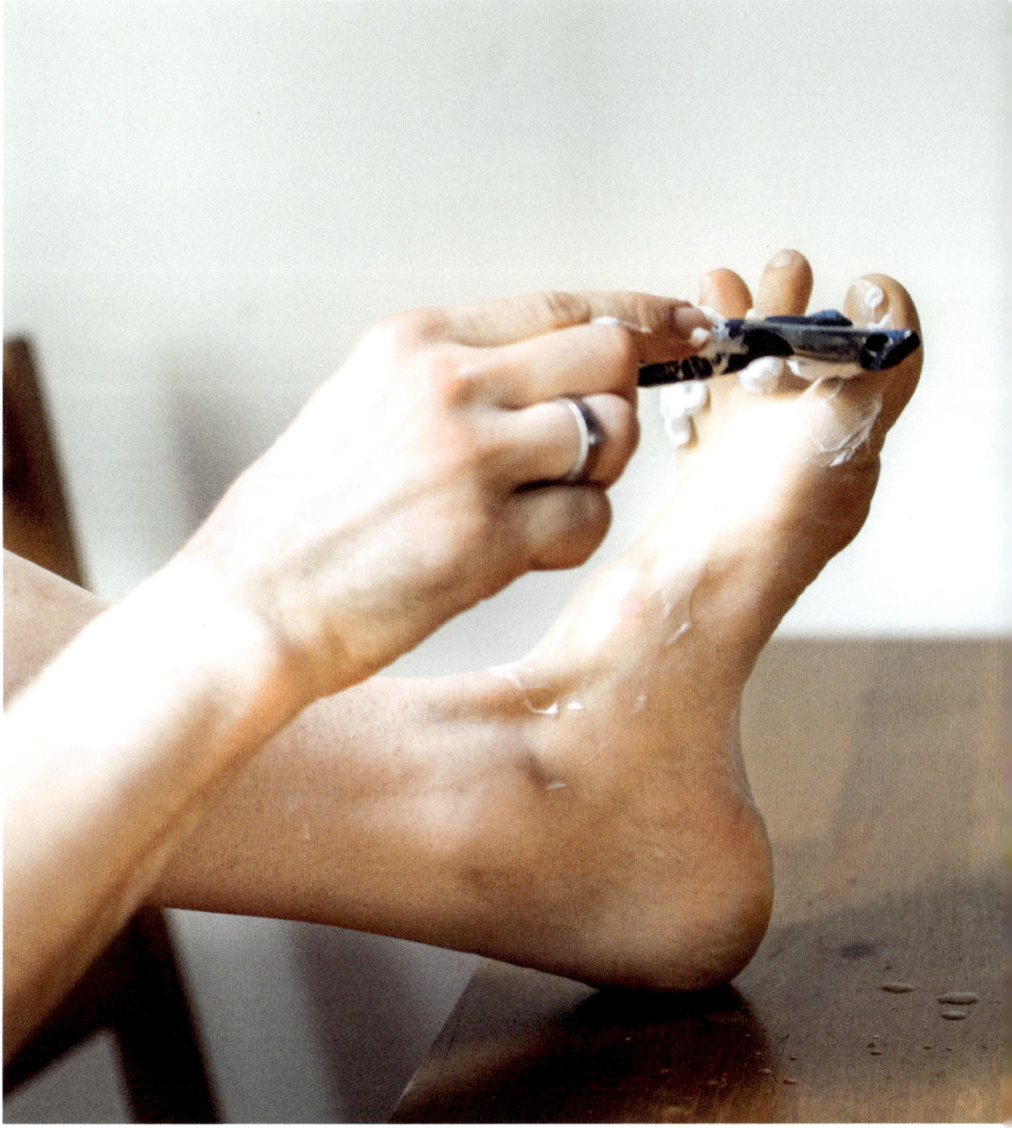

Sina Eberhardt, 27 Jahre

mit und ohne

Es ist morgens um kurz vor sieben Uhr. Ein ganz normaler Tag. Ich war joggen, jetzt werde ich duschen und danach fange ich an zu arbeiten. Ich habe noch Zeit, um nach dem Duschen in aller Ruhe zu frühstücken. Ich springe ins Bad, wasche mir die Haare, reibe meinen Körper mit Duschgel ein und fange an, mich zu rasieren. Die Beine, die Arme, die Achseln, den Intimbereich. Hab ich irgendwas vergessen? Hängt noch irgendwo ein Haar? Ich drehe meinen Kopf in jede erdenkliche Richtung und untersuche meine Haut nach dunklen Härchen. Meine Nase berührt dabei fast meine Achsel. Nur gut, dass mich niemand sehen kann. Dabei mache ich das doch alles nur für mich! Oder ...?

Jaaaa ... das ist die große Frage: Für wen tanze ich morgens eigentlich so bescheuert unter der Dusche herum? Anstatt länger zu schlafen oder mir mehr Zeit beim Frühstück zu gönnen? Anstatt Haare Haare sein zu lassen und diese fünf Minuten täglich für etwas Sinnvolles zu nutzen. Etwas, das mir Glück und Freude bereitet. Ich könnte meditieren oder eine Freundin anrufen, eine nette Mail verschicken oder mit meinem Hund kuscheln. Ich könnte mir auch ausdenken, wofür ich dankbar bin und damit in meinen Tag starten. Es gibt so viele schöne Dinge, für die ich mir wesentlich lieber Zeit nehmen würde. Für wen mache ich das also?

Mir Gedanken über meine Körperbehaarung zu machen fand ich zu Beginn sehr amüsant. Klar hatte ich mich damit bereits beschäftigt. An vielen Stellen sind Haare nervig und überflüssig: also weg damit! Aber so richtig mit dem Thema auseinandergesetzt? Nein. Und dabei begegnet es mir doch jeden Tag. Fast jeden Tag rasiere ich mich. Fast jeden Tag kontrolliere ich, ob auch alles »am rechten Fleck« ist oder eben nicht mehr am Fleck ist. Ständige Kontrolle, ständiges Checken, unterbewusster Stress. Genau das, was ich in meinem Leben vermeiden möchte. Wozu also das alles? Glauben wir uns selbst, wenn wir sagen: »Das mache ich NUR für MICH?«

Ich lege meinen Rasierer aus der Hand und betrachte mich nackt im Spiegel. Die langen braunen Haare auf meinem Kopf passen zu mir. Die werde ich behalten. Weiter. Meine Brüste sind bis auf ein paar sprießende Einzelgänger unbehaart. Die werden nachher rausgezupft. Weiter. Ach nein! Halt. Wieso müssen die weg? Ich schaue sie mir genauer an. So schlimm sind die gar nicht. Sehen fast niedlich aus. Und ganz ehrlich: Sie sind eher braun als schwarz. Okay, sie dürfen bleiben. Zumindest bis sie ausgewachsen sind. Dann sehen wir weiter.

Meine Achselbehaarung: Ich hebe beide Arme. Dort sind kaum Haare. Kein Wunder – ich lasse sie mir gerade lasern. Noch ein oder zwei Sitzungen, dann habe ich es geschafft.

Wieso lasse ich das machen? Lasern tut weh und ein paar Tage danach hat der Körper mit Symptomen einer Verbrennung zu kämpfen. Es ist wie Sonnenbrand. Angenehm ist anders ... Aber mal ganz ehrlich: Ich brauche die Haare unter meinen Armen nicht! Und durch den vielen Sport, den ich betreibe – oft zwei Mal am Tag – ist es für mich vor allem eine Sache der Hygiene. Gute Entscheidung. Die richtige für mich.

Meine Erfahrungen mit Achselbehaarung bei anderen Menschen: Ich habe mal mit einem Mann geschlafen, der wahnsinnig viele Haare unter den Armen hatte. Dunkle Haare. Beim Sex fiel es mir gar nicht auf. Und selbst wenn – es hätte mich auch nicht gestört. Anschließend nahm er mich allerdings in den Arm und ich kuschelte mich an ihn. Direkt in die Achselhöhle. Und an sich denke ich mir: Okay, ist bestimmt nur eine Gewohnheitssache ... Einfach machen, das komische Gefühl wird vergehen. Es war auch kein Ekel. Eher Unwohlsein. Wahrscheinlich, weil es ungewohnt war. Obwohl der Schweiß einfach langsamer trocknet, wenn dort so viele Haare sind und das nicht unbedingt schön und gemütlich ist, wenn man einschlafen möchte. Es war nicht weiter schlimm, aber ich denke daran, weil es meine Konfrontation mit Achselhaaren war, die mir im Gedächtnis geblieben ist. Nicht schlimm und sicher gewöhnt man sich daran ... Aber schöner – nicht nur im ästhetischen Sinne, sondern vor allem im Sinne des Wohlfühlens – finde ich es ohne Haare. Dabei spielt es für mich keine Rolle, ob es sich um einen Mann oder eine Frau handelt.

Das gilt für mich auch für den Intimbereich: Das ist der einzige Bereich, in dem ich schon immer Probleme mit der Rasur hatte. Also meine Haut hat ein großes Problem damit. Sie wird rot, brennt und vor dem Sport muss ich eine Creme auftragen, damit ich mich in der Bikinizone nicht aufreibe. Daher habe ich immer Neues versucht wie Heißwachs, Kaltwachs, Epilieren oder die Haare mal wachsen lassen. Aber sobald die Haare lang werden und sich kräuseln, fühle ich mich unwohl und entferne sie wieder. Vielleicht ist es auch eine Frage der Ästhetik, aber meiner Erfahrung nach fängt es – vor allem im Sommer, wenn man schwitzt – an zu jucken. Das erspare ich mir lieber. Ich fühle mich einfach wohler, wenn die Haare kurz oder ganz weg sind. Allerdings habe ich bei Stoppeln wieder das Problem, dass ich mich beim Sport aufreibe und die Haut darunter leidet. Ein Teufelskreis und daher habe ich mich dazu entschieden auch diesen Bereich lasern zu lassen. Die Haut hat nach der Sitzung drei bis vier Tage mit den Folgen zu kämpfen. Die Symptome einer Verbrennung sind mehr als unangenehm – vor allem im Intimbereich – nicht schön. Allerdings sehe und spüre ich bereits die ersten Ergebnisse und das ist toll! Dafür lohnt es sich. Wenn die roten Stellen nach ein paar Tagen verheilen, wird die Haut weich. Da keine Stoppeln mehr nachkommen, habe ich endlich Ruhe. Ich atme durch. Die richtige Entscheidung!

Meine Erfahrung mit Intimbehaarung bei anderen: Ich war schon mit Männern im Bett, die behaart waren und meiner Ansicht nach auch mit welchen, die stark behaart waren. Ich sage nur: Eklig fand ich es bisher nicht, aber schön ist es auch nicht. Außerdem, Jungs: Wenn ihr euch rasiert, sieht euer Gemächt größer aus ;-) Also keine falsche Scheu, aber immer mit dem Hintergrund: Jeder wie er es mag und sich damit wohlfühlt! Ich denke, das ist das Wichtigste (Das gilt übrigens für Männer und für Frauen ;-)).

Bei Frauen hatte ich bisher nur die Erfahrungen, dass sie – wie ich selbst – mal etwas längere Haare hatten. Ich schätze knapp eine Woche unrasiert. Da findet in meinem Kopf nicht einmal der Ansatz einer Wertung statt. Das ist einfach da und es macht die Frau nicht weniger attraktiv! (Das gilt übrigens auch für Männer ;-))

Meine Armbehaarung: Wenn ich mir die hellen langen Haare an den Unterarmen so ansehe, dann zucke ich innerlich mit den Schultern. »Nicht schön, aber selten«, könnte man sagen. Meine Haare an den Armen waren schon immer sehr wachstumsfreudig und ich habe sie mir lange Zeit ständig rasiert. Allerdings wurde mir das zu zeitaufwändig. Seitdem rasiere ich sie mir höchstens alle paar Monate und zwischendurch färbe ich sie blond. Ja, ich färbe mir tatsächlich meine Armhaare. Und während ich das so schreibe, schüttle ich schmunzelnd und augenverdrehend mit dem Kopf. Ich, die dafür bekannt ist, die Gesellschaft zu belächeln, wenn sie uns dazu drängt, Dinge mit unserem Körper zu tun, die allein ihr und der Wirtschaft Genugtuung und Profit versprechen, aber die Beteiligten oft als Wegzoll an der Straße zurücklässt. Ich lasse mich zu nichts zwingen! Ich schminke mich nur, wenn ich will und wie ich es schön finde. Ich ziehe die Klamotten an, die allein mir gefallen und ich gehe weiter meinen gewohnt, bekannten »Boxergang«, der mich in vieler Augen nicht gerade weiblich macht. Mir egal: Ich bin, wer ich bin, keine Entschuldigungen! Aber wieso zur Hölle färbe ich mir die Armhaare? Wo ist da meine Überzeugung? Mein Selbstwert? Meine »Ist-mir-egal-was-andere-denken-Einstellung«? Oder hat es mit etwas anderem zu tun? Mache ich es wirklich allein für mich?

Ich kann es leider im Moment nicht beantworten, weil ich es selbst nicht weiß. Ich kann nur sagen, dass ich es nicht machen würde, wenn ich meine dunklen, langen Haare schön finden würde, so wie sie sind. Ich fühle mich zu nichts gedrängt. Aber woher kommt der Wunsch nach hellen Haaren und der Drang sie wieder abzurasieren, wenn sie »zu lang« sind? Das weiß ich nicht ... Ich weiß nicht, wie viel aus mir selbst und wie viel Teil des äußeren Einflusses ist. Ich würde es zu gerne noch erfahren und vielleicht kommt diese Erkenntnis bald, jetzt, da ich mich mit diesem Thema beschäftige ...

Meine Beinbehaarung: Ich habe dunkle, aber keine sehr dichte Beinbehaarung. Sie wächst auch nicht sonderlich schnell. Mir reicht eine Rasur in der Woche. Das gilt auch für den Sommer. Na und, dann habe ich eben die letzte beiden Tage vor der Rasur Stoppeln an den Beinen. Gesellschaftstauglich oder nicht, da zucke ich nur gleichgültig mit den Achseln!

Seltsam, da geht es ...

Arm- und Beinbehaarung bei anderen: Stört mich null! Nicht die Bohne!

Ich habe mal eine Frau gedatet, die sehr lange Haare an den Armen hatte. Sie waren länger als meine und dunkel. Das war auffällig, da sie einen eher hellen Hauttyp hatte. Ich habe es gesehen, weder gewertet noch einen weiteren Gedanken daran verschwendet und sie einfach geküsst, weil sie unglaublich toll war! Ende der Geschichte.

Ich schreibe das mit der Wertung in diesem Text aus dem Grund, da ich, so wie ich mir Gedanken mache und sie aufschreibe, selbst merke, dass die Körperbehaarung durchaus ein Thema für mich ist und ich einen gewissen Blickwinkel einnehme. Auch wenn es bisher ein unbewusster war. Denn sobald man Dinge wie »zu viel«, »zu wenig« oder »genau richtig« schreibt, findet eine Wertung statt. Ich glaube wertfrei sind wir erst, wenn es gar keine Rolle mehr spielt. Wenn wir einfach hinnehmen, wie es ist. Und es okay ist, wie es ist. Und mal ganz ehrlich: Sind wir dann nicht mehr als nur wertfrei, nämlich auch wirklich frei? Ich mag diesen Gedanken.

Und mal ganz unter uns ... was wäre, wenn wir morgen früh aufwachten und uns so akzeptierten und annähmen, wie wir sind? Jeder Einzelne in seiner ganz eigenen, individuellen Schönheit. Stellt euch das mal vor. Ganz in Ruhe. Könnt ihr euch sehen?

... und seht ihr die Welt, wie in diesem Moment dort draußen ein ganzes Wirtschaftssystem weinend zusammenbricht? Mal ganz ehrlich: Wieso sollten uns die Boten dieses Konzerns helfen wollen, zu uns selbst zu finden? Aus welchem Grund sollten sie wollen, dass wir zufrieden mit uns sind? Wenn sie doch jämmerlich zugrunde gehen würden, wenn wir uns alle für das lieben und schätzen würden, was wir ohne sie sind?

Ich finde, wir sollten die Freiheit, die uns in diesem Leben geschenkt wird, nutzen. Es spielt gar keine Rolle, ob es um Körperbehaarung, Liebe, Aussehen, den Job oder sonstwas geht. Ich glaube wir sind erst dann richtig frei, wenn wir uns so annehmen und akzeptieren, wie wir sind und auch unsere Mitmenschen in ihrem Sein respektieren. Wir wären nicht nur frei, sondern auch unglaublich stark! Gemeinsam in einer Gesellschaft, die sich unterstützt und seine Individuen zu schätzen weiß. So wie sie sind. Wie bunt, einzigartig, liebevoll und stark diese Gemeinschaft, diese Welt sein würde!

Ich gehe wieder unter die Dusche, schließe die Augen und genieße das heiße Wasser auf meiner Haut. Ich freue mich auf den Tag und frage mich, was er wohl für mich bereithält ...

Alexnader Ullmann, 31 Jahre

Frühstück mit Frida Kahlo

Willst du ... dir nicht mal die Haare wachsen lassen?

Ich höre auf meine Fußnägel zu schneiden und blicke auf. Eine Weile lang schweben meine Worte im Dampf zwischen uns.

Die vom Duschvorhang vernebelte Silhouette von S. greift zum Rasierer.

Welche Haare?

S. hebt ihren Fuß, stellt ihn auf dem Wannenrand ab und streicht in kleinen, schnellen Bewegungen das Bein nach oben.

Meinst du an der Muschi?

Ich nicke. Was sie natürlich nicht sehen kann. Ich zupfe eine schmale Fußnagel-Sichel aus dem Badvorleger und lege sie zwischen meine Beine zu den anderen auf dem Klodeckel.

Aber ich hab da doch Haare.

Schwer hängt der Geruch von Zeder und Olibanum zwischen den feucht glänzenden Säulen der langen Halle. In Felle gehüllte Gestalten zerteilen schemenhaft die dichten Schwaden und immer wieder durchbrechen schwitzige Gliedmaßen das rostrote Wallen.

Ich zögere. S. schiebt ihr Becken nach vorne und führt den Rasierer mit ebenso kurzen, flinken Strichen zwischen ihre Oberschenkel.

Naja. Ich meine halt ... einfach wachsen lassen.

Wie? 'nen Busch?

Ich nicke. Was sie natürlich wieder nicht sehen kann. Ich kehre behutsam die Fußnägel in meine Handfläche und lasse sie in den Mülleimer fallen.

Stehst du auf sowas?

Eine Pause entsteht. Ich kratze mich mit den Zähnen an meiner Oberlippe.

Aus dem Nichts ragt eine Gestalt über mir in die Höhe und presst mich kalt und ölig gegen den Stein. Ein weiches, rundes Glänzen zwischen fließenden Pelzen. Schwarz leuchtet ein krauses Dreieck durch den Dunst und sinkt langsam auf mich nieder.

Also ich weiß nicht. Ist das nicht irgendwie unhygienisch?

S. stellt das Wasser ab und zieht den Duschvorhang zur Seite. Ich vermute eine Fangfrage und schweige.

Ich meine hier oben okay, aber ... da unten auch? Das riecht doch sofort.

Sie krault den stoppeligen Irokesen auf ihrem Venushügel. Ihre blank hervorblitzenden Lippen fesseln für einen Moment meine Aufmerksamkeit.

Du fährst doch eigentlich immer voll drauf ab, wenn ich mal alles weg mache.

Ich senke den Blick und lege die Nagelschere zurück in die Schublade, S. angelt sich ihr Handtuch vom Heizkörper.

Der Wald galoppiert an uns vorbei. Braun gebrannte Unterarme, darauf ein dichter Pfad aus weichem Schwarz. Schmale kräftige Finger auf scharfer Bogensehne. Ums andere Handgelenk gewickelt das Lederband, dessen anderes Ende sich in der wilden Gischt des Pferdemauls verliert.

Mit kurzen, schnellen Bewegungen führt S. das Handtuch über ihren glatten Körper.

Naja, mich würde das halt einfach interessieren. Also wie sehen wir aus, wenn einfach alles – entsteht.

Aha! Du willst dich also nur selber nicht mehr rasieren!

S. steigt aus der Wanne, stellt ihren Fuß auf den Wannenrand und trocknet die Haut zwischen ihren Zehen. Ich lege den Kopf schief und blicke in das Dunkel zwischen ihren Pobacken.

Es geht ja auch einfach ein bisschen um die Abwechslung.

Ich schäme mich, wie defensiv meine Worte klingen.

Wilde Trommeln durchbrechen den Dschungel. Der Atem des Waldes hängt feucht-warm zwischen den fettigen Lianen. Aus dem ungezähmt wuchernden Geflecht falten sich fleischig glänzende Flügel und breiten sich aus, um mich zu verschlingen.

S. fischt das kleine Sieb aus dem Abfluss der Wanne und klatscht seinen matschigen Inhalt in die Kloschüssel. Ich setze mich auf den Wannenrand.

Das steht doch auch irgendwie für eine feministische Position, oder nicht?

Sie hält ein Stück Klopapier unters Wasser und rubbelt über die Zahnpasta-Spritzer auf dem Badspiegel.

Also, ich meine das zeigt ja eine gewisse Haltung gegenüber dem ... ich weiß nicht ... vorherrschenden Schönheitsideal und Jugendwahn und so.

S. schraubt eine kleine Tube auf, drückt etwas Creme auf ihren Zeigefinger und verteilt sie mit den Fingerspitzen auf Wangen, Nase und um den Mund herum.

Also die Frau unter dem Brennglas der ... Objektifizierung, gesellschaftliche Gesamtscheiße, du weißt schon!

S. schraubt eine bauchige Dose auf, taucht Zeige-, Mittel- und Ringfinger hinein und verteilt die Creme mit flachen Händen auf Hals, Schultern, den Armen und der Brust.

Das sagst du so leicht. Als ich mir vor zwei Jahren nach dem Festival fünf Tage die Beine nicht rasiert hatte und am Montagmorgen auf dem Bahnsteig stand, hat mich diese eine Frau angeschaut als sei ich eine Aussätzige!

Ernsthaft? Wieder die Geschichte von der Frau auf dem Bahnsteig.

Um Himmels Willen, wer sind die Menschen, nach denen du dein ganzes Sein ausrichtest? Wenn du Bock darauf hast, dann lass dir einen Pelz wachsen und steh da einfach drüber.

S. zupft sich mit der Pinzette ein Haar aus der Haut zwischen ihren Augenbrauen.

Aber ICH will mir doch überhaupt keinen Pelz wachsen lassen.

Ich sage ja nur, du könntest. Woher weißt du, wie es ist? Und an den Beinen ist ja auch noch was anderes als an der Muschi. Ich meine, hast du dich nicht schon mal gefragt, wie du »natürlich« aussehen würdest? Suchst du was?

S. blickt tief in die Schublade des Badschränkchens.

Haben wir noch Zahnseide?

Ich ziehe ein Bein an und schlinge die Arme darum.

Kann ich später besorgen.

S. wendet sich ihrem Spiegelbild zu.

Cool, dann bring bitte auch noch Spülschwämme mit, wir haben nur noch einen.

Ich betrachte meine Fußnägel.

Jap. Mach ich.

Die Haare auf meinem kleinen Zeh sehen aus wie ein lachendes Gesicht.

Die Königin öffnet ihre dunklen Augen.

Was sagen denn da die anderen beim Sport?

Wieso denkst du immer an die anderen? Es ist dein Körper, empower yourself women!

Ihr schlanker Hals schwebt über dem weißen Spiegel, der ihre kantigen Züge erhellt.

Hä? Du sagst das so einfach! Aber man ist nie losgelöst von den Systemen, in denen man lebt.

Ja, aber das ist doch ein Missstand! Wieso verteidigst du deine Ketten?

Sie erhebt sich langsam, steigt mit klingenden Schritten aus dem raumfüllenden Becken.

Warum individualisierst du die ganze Zeit das Problem! Als müsste ich nur aufhören, mich so anzustellen und schon wär alles tutti mit der Gesellschaft!

Ach was, Veränderung kommt von ändern und du kannst anfangen den Anfang zu machen!

Schneeweiße Perlen fließen um den glänzenden Körper und bleiben als helle Kränze haften in dem lockigen Flaum, der all ihre Glieder umrankt.

Was ist denn mit A.? Sie ist doch zum Beispiel total selbstbewusst im Umgang mit ihrer Körperbehaarung.

S. rüttelt energisch am Wasserkocher, obwohl der nun wirklich nichts dafür kann.

Moment mal, sie erzählt doch bei jeder Gelegenheit, dass sie mega darunter leidet.

Sie reißt zwei Teebeutel auf und öffnet den Geschirrspüler.

Hä? Warum ändert sie denn dann nichts daran? Kannst du vielleicht mal bei unserem Gespräch bleiben und nicht ständig was anderes machen?

Sie beginnt Teller ins Regal zu stapeln.

Du tust immer so als wäre das so leicht! Und ich kann gleichzeitig die Spülmaschine ausräumen und ein Gespräch führen!

S. nimmt den Besteckkorb aus der Maschine und stellt ihn klirrend vor mir auf die Arbeitsplatte.

Ich kann mich noch genau erinnern, bei der Hochzeit von G. und M., da hatten wir zwei ein Gespräch, dass A. in ihrem Lammfell aussieht wie eine nubische Königin.

Ich ordne die Gabeln zu den Gabeln und die Messer zu den Messern.

Häh, und wieso genau werde ich jetzt zum Abziehbild deiner exotistischen Porno-Phantasien?

Das ist ja jetzt schon ein bisschen dramatisch ausgedrückt. Kannst du in Zukunft bitte die scharfen Messer nicht in die Spülmaschine machen?

S. reißt den Kühlschrank auf und stapelt Butter, Käse und Pickles auf den Tisch.

Wo komme ich denn da vor in deiner sexy Geschichte, hm?

Ich lege ein Messer und eine Gabel neben je einen der beiden Teller.

Ich wollte einfach mal was ansprechen, was mich bewegt, tut mir Leid.

S. zieht zwei Gläser mit Marmelade und Schokocreme aus dem Regal und knallt sie auf den Tisch.

Du knallst mir hier auf den Tisch, dass ich deinen Vorstellungen von irgendeiner urtypischen Weiblichkeit nicht genüge und gibst mir dann die Schuld, dass ich mich darüber aufrege? Hm? Was zum Teufel willst du von mir?

Ich ... ich will, dass du eine Amazone bist und ich mich an dir festhalten kann, wenn wir auf einem Wildpferd durch den Urwald reiten! Ich will, dass du eine Tempeldienerin bist und mit mir machst, was Dionysos verlangt. Ich will, dass du über mich kommst und mich verschlingst!

Ich drehe mich zum Brotkasten.

Was reagierst du denn jetzt so emotional?

Der Brotkasten klemmt, ich rüttle daran.

Willst du mich jetzt wieder tone policen?

S. zerhackt eine Tomate.

Also ich finde deine Empörung jetzt einfach gerade nicht besonders konstruktiv.

Ich beuge mich über den Brotkasten und versuche mit der einen Hand die Verriegelung auf der Innenseite zu erreichen. S. sitzt am Tisch.

Wir wollten doch jetzt frühstücken?

Ich ertaste die Arretierung des Schiebemechanismus auf der Rückseite. Irgendwie scheinen die hinteren beiden Laufleisten verkantet zu sein.

Die Malerin blickt mich ruhig an. Über ihrem nachsichtig aufmerksamen Blick thront ein dunkler schwarzer Balken. Na, willst du mich nicht auch schwitzen lassen? Sie lächelt herausfordernd. Dunkel, warm und wild?

Voilá!

Geräuschlos gleitet der Verschluss der Brotbox auf und zu, stolz blicke ich S. an. Als sie nicht reagiert, halte ich einen verbogenen Drahtverschluss einer Reiswaffeltüte in die Höhe.

Da haben wir den Übeltäter.

Ich schiebe den Verschluss des Brotkastens noch mal auf und wieder zu.

Jetzt kann man auch endlich wieder zwei Brote übereinander reinlegen.

S. nickt resigniert.

Ja toll, danke.

Es entsteht kurz ein irgendwie seltsamer Moment, in dem ich nicht so recht weiß, was ich tun soll. Dann streichele ich mit meiner Nasenspitze ihre Wange, ganz nah beim Ohr und drücke einen leisen Kuss auf die feine weiche Haut an der Stelle, unter der ihr Kieferknochen liegt.

Danke dir fürs Frühstückmachen!

Das Ei ist ein bisschen kalt, aber es schmeckt trotzdem lecker.

Lucia V., 33 Jahre

Eis oder Salat? Eine Antwort im Konjunktiv

Schönheit hat viel mit Wohlfühlen zu tun. Wir finden die Menschen schön, die zu ihrem Körper stehen, in ihm zu Hause sind. Ich selbst fühle mich unwohl mit meiner Körperbehaarung. Ist sie sichtbar, sieht man das auch. Um mich mit ihr wohlfühlen zu können, habe ich zwei Möglichkeiten: Wenn ich viel Geld und Zeit hätte, könnte ich ins Laserstudio gehen und mich komplett enthaaren für immer, dann hätte ich das Problem nicht mehr, dass ich immer daran denke, ich kann nicht spontan schwimmen oder in die Sauna gehen. Doch selbst dann würde ich nicht vollkommen zufrieden sein, mir würde etwas fehlen, ich käme mir vor wie ein kleines Mädchen. Denn eigentlich geht diese Haarlosigkeit gegen meine Prinzipien und ich würde mich mit ihr selbst enttäuschen. Täte ich das Gegenteil und wäre so mutig, mich nie wieder zu rasieren, würde ich mich vielleicht daran gewöhnen und es irgendwann selbst schön finden können. Aber es würden auch Situationen bleiben, in denen ich mich schämte oder für die ich mich mental vorbereiten müsste. Zum Beispiel, wenn ich zu einer Hochzeit in einem kurzen Kleid ginge und die einzige mit haarigen Beinen dort wäre. Ich müsste die Blicke aushalten können, mich den Gesprächen stellen und mich immer wieder auf solche Situationen vorbereiten, die mich anstrengen und einengen. Keine der beiden Möglichkeiten würde dafür sorgen, dass ich mich vollkommen wohl und schön fühlen könnte. Und das hat definitiv mit den Erwartungen von außen zu tun und mit meiner Erwartung an mich selbst, dem zu genügen. Ich weiß das. Aber die Frage ist auch, will ich mich kurzfristig oder langfristig wohlfühlen? Langfristig hieße, dass ich mich davor erst mal schlecht fühlen werde. Ich weiß auf eine Art, dass ich mich rasiere, um anderen zu gefallen und das belastet mich. Im Grunde, wenn ich den Schritt machen würde, mich nicht mehr zu rasieren, wäre es im Endeffekt besser. Aber die kurzfristigen Probleme müsste ich erst mal überstehen: dass ich keine Lust habe, die Blicke von anderen aushalten zu müssen, dass ich keine Lust habe, mich unwohl zu fühlen, dass ich keine Lust habe, unsicher zu sein, wenn ich mit jemandem intim bin oder wenn ich im Sommer mit meinen Freundinnen oder meiner Familie zusammen am Strand liege. Ich habe einfach keine Lust, Zeit zu investieren, mit Leuten darüber zu reden und mich erklären zu müssen oder mich beobachtet zu fühlen – ich bin schon schüchtern und unsicher genug. Will ich mich also jetzt glücklich fühlen oder mich durchkämpfen, damit es langfristig besser wird? Esse ich jetzt Eis oder Salat? Klar, langfristig sollte ich Salat essen, aber jetzt gerade möchte ich lieber das Eis.

Ulrike, 51 Jahre

Der haarige Weg zur Freiheit

Könnte ich einen Teil meines Körpers umtauschen, so wäre es die Haut meiner Beine. Da sind Haare drauf, ziemlich viele, und dunkel sind sie auch noch. Sieht nicht schön aus, finde ich. Drei Viertel des Jahres stört mich das nicht, weil da dann eh Kleidung drüber ist.

Gerade ist aber Sommer, es ist auch ziemlich warm, und da ist es angenehm, den Körper nicht allzu sehr mit Kleidung zu bedecken. Arme und Beine werden freigelegt … und um mich herum sehe ich viele Beine, oft voll mit dunklen Haaren … Sieht nicht schön aus, finde ich, scheint aber die Besitzer dieser Beine nicht zu stören.

Vermutlich, weil es Männer sind.

Ich bin aber eine Frau.

An Frauenbeinen haben dunkle Haare nichts zu suchen. Das wusste ich schon immer. Woher, weiß ich nicht, aber dieses Prinzip habe ich als unumstößlich kennengelernt. (Etwa so, wie für meine Oma als höchstes Prinzip galt: »Das tut man nicht«, so gilt: »Man hat als Frau keine Haare auf den Beinen.« Oder??? …)

Habe ich also die falschen Beine? Oder bin ich keine Frau? Oder wurde mir etwas Falsches beigebracht? Oder liegt hier ein irriges Prinzip zugrunde?

Nacheinander und gleichzeitig habe ich mich mit all diesen Fragen auseinandergesetzt / unter ihnen gelitten / mit ihnen gehadert / über sie gewütet …

und habe im Sommer meine Beine mit stinkenden Cremes enthaart, mit Kaltwachsstreifen schmerzhaft gerupft, mit Rasierern zerkratzt.

Inzwischen habe ich Übung, ich schneide mich deutlich seltener.

Und sonst habe ich nichts gelernt?

Geht es nicht darum, dass eine sich so mag, wie sie ist? Sich frei macht von Zuschreibungen, gesellschaftlich/männlich definierten Schönheitsidealen und daraus resultierenden Zwängen? Die Schönheit im Auge der Betrachterin erkennt? Als mutiges Beispiel vorangeht und die Haare auf ihren Beinen nicht versteckt?

Ja, sicher.

Aber es geht auch darum, dass ich mir gefalle, wenn ich in den Spiegel blicke. Ich trage Kleidung, die ich schön finde, mir ist meine Frisur nicht egal, ich wähle nicht irgendein Brillenmodell, ich trage Schuhe, die ich mag und die (für mich) jeweils zum Rest des Outfits passen. Ich habe Freude daran, (nach meinen Vorstellungen) gut auszusehen. Und ich glaube, diese Freude strahle ich auch aus.

In meinem Beruf habe ich mit jungen Menschen zu tun – Mädchen und Jungen, die zu jungen Frauen und Männern werden. Es ist unter anderem meine Aufgabe, ihnen zu helfen, sich so zu mögen, wie sie sind, sich kritisch mit gesellschaftlichen Zwängen auseinanderzusetzen, auch mit Schönheitsidealen und Rollenbildern, vor allem aber auch, ihnen ein glaubhaftes Vorbild zu sein – authentisch zu sein.

Stünde ich vor ihnen, bei ihnen, mit sichtbar behaarten Beinen … ganz ehrlich, ich fühlte mich nicht wohl. Weil ich behaarte Beine einfach nicht schön finde – und weil ich andere Sachen besser kann als mutig und unkonventionell meinen Körper als erzieherisches oder emanzipatorisches Vorbild einzusetzen. Ich habe das Prinzip, dass »man« als Frau nun mal keine Haare auf den Beinen hat, durchaus als irrig und einschränkend identifiziert. Aber mein unbehagliches Gefühl wegen der sichtbaren Beinbehaarung würde mich noch viel stärker einschränken in meiner (gefühlten) Freiheit, persönlich glaubhaft und authentisch zu agieren. Und darum geht es doch zuallererst.

Zum Menschsein gehören Körper und Geist, Herz und Seele, Haut und Haar … alles zu gleichen Teilen, alles unterschiedlich gestaltet, alles den Prozessen des Wachstums und der Veränderung unterworfen, alles auf der Suche nach Freiheit und Wahrhaftigkeit. Und nichts davon vollkommen.

Das habe ich gelernt: Ich bin so frei, meine Beine im Sommer zu rasieren. Weil ich es schöner finde. Weil es für mich entspannter ist. Und weil es nicht nur um Haare geht.

Ach, die Haut meiner Beine brauche ich dann ja auch nicht mehr umtauschen zu wollen. Wie befreiend.

Ellen, 50 Jahre

Hausgeburt

Es war klar, es wird eine Hausgeburt! Ich hatte viel zu viel Angst vor einem Krankenhaus und gar kein Vertrauen in die Schulmedizin.

Ein Punkt, der wirklich in meinem Kopf vorherrschte, war, dass ich im Krankenhaus vor der Geburt im Intimbereich rasiert werden sollte. Falls es ein Kaiserschnitt wird, könnte der Arzt sonst nicht schneiden und nähen, hieß es. Mir leuchtete das nicht ein und ich hatte total Angst, dass ich bei der Rasur verletzt würde, wo dieser Bereich doch nun wirklich sehr intim und empfindsam ist. Ich hatte Angst, sie schneiden mir die Klitoris ab. Das klingt jetzt irgendwie absurd, aber ist nicht die ganze Rasur absurd?

Cynthia Aborah, 38 Jahre

Von allen Seiten

Was ist schön an Körperhaaren?

Wenn sie an den oberen Schenkeln der Beine wachsen. Wenn sie sich zwischen Ohren und Kinn ausbreiten. Wenn sie auf den Händen zu sehen sind. Wenn die Wimpern länger werden. All das macht dich wunderschön.

Wann war das letzte Mal, dass du dich für deine Körperhaare geschämt hast?

Ich fing an, mich zu schämen, als ich am Rande des Pools stand, um schwimmen zu gehen. Ich trug meinen Badeanzug und realisierte, dass meine Schambehaarung zu lang geworden war. Sie war sichtbar zwischen meinen Beinen, wuchs aus meinem Badeanzug heraus. Andere sahen mich an, überrascht und angeekelt und ich schämte mich. An diesem Tag konnte ich nicht schwimmen gehen. Ich zog mich schnell um und verschwand.

Wie passen Körperhaare und Freiheit zusammen?

Was am Pool passiert ist, raubte mir meine Freiheit. Es brachte mich dazu, mit dem Schwimmen aufzuhören, nur weil ich Haare im Intimbereich habe – wo alle Haare haben.

Ich fühle mich auch nicht frei mit meiner Achselbehaarung. Wenn sie etwas länger gewachsen ist und ich ein kurzärmeliges Kleid trage, wage ich es nicht, meine Arme in den Himmel zu strecken. Denn manchmal, wenn du kein Deo aufgetragen hast, riecht es unangenehm. Wenn du dann anderen Leuten näher kommst, beschimpfen sie dich für deinen schlechten Geruch oder gehen einen Schritt zur Seite. Stinkende Achselhaare halten dich davon ab, mit Freunden rumzuhängen. Wenn das geschieht, fühle ich mich nicht mehr frei und das nur wegen ein paar Achselhaaren.

Auf der anderen Seite wirst du bewundert, wenn du viele Haare auf deinen Händen und Beinen hast. Auch wenn dein Gesicht nicht schön ist, werden die Menschen deine Haare ehren und dich willkommen heißen. Du erlangst den Freiraum und die Fürsorge der Region.

Körperbehaarung ist ein kompliziertes Thema.

Übersetzt aus dem Englischen

Kwautzi, 34 Jahre

Anspruch und Routine

Ich erinnere mich, dass meine ältere Cousine mir mit ca. 10 Jahren gesagt hat, man habe jetzt keine Haare mehr an den Armen und Beinen, das sei eklig und die müssten rasiert werden. Da habe ich mir zum ersten Mal meine ganz dünnen, kaum wahrnehmbaren blonden Härchen von den Armen rasiert. Danach sind sie relativ dunkel wieder nachgewachsen.

In der Jugend waren Achselhaare, Beinhaare und die »Bikinizone« auf jeden Fall Thema.

Im Kopf ging es darum, immer zu wissen, dass Haare gerade da sind/etwas länger sind und ich deswegen die kurze Hose heute nicht anziehen kann, obwohl es warm ist. Ich hatte nie besonders viele oder dunkle Haare, aber ich hatte auf dem Schirm, dass ich meine Arme heute eher nicht hebe, weil ich wusste, dass die Achselhaare gerade zu lang sind. Im Schwimmbad oder am Strand war es sehr schambehaftet, wenn Haare aus dem Bikini seitlich rausgeguckt haben. Das beeinflusst die Art des Sitzens und der Bewegungen. Nicht entspannt auf dem Handtuch zu fläzen z.B., damit die Haare nicht so sichtbar sind. Haarentfernung an Beinen und unter den Armen gehört für mich seit ca. 20 Jahren routinemäßig zum Duschen dazu. Inzwischen nicht mehr so streng und regelmäßig wie in jüngeren Jahren, aber es ist dennoch Bestandteil meines Ablaufes im Bad. Es fällt mir auf, wenn meine Beinhaare länger sind, zwar gehe ich trotzdem in kurzen Hosen auf die Straße und unterlasse es nicht, die Arme zu heben, nur weil sie unrasiert sind – aber ich habe es auf dem Schirm.

In meinem Empfinden sind rasierte, glatte Beine an Frauen*körpern schöner. Mir ist vollkommen bewusst, dass diese Ästhetik konstruiert und mein Empfinden dazu sozialisiert ist. Dadurch, dass sich nur wenige Frauen* mit haarigen Beinen zeigen, fällt es mir auch direkt auf. Ich mache damit wenig, außer dass es mir auffällt und ich es mutig finde. Heute ärgert es mich oft, dass ich mich von dem Schönheitsideal nicht ganz lösen kann. Die Bikinizone rasiere ich nicht mehr, das gab immer einen sehr juckenden, mit Pickelchen übersäten Ausschlag. Ganz früher habe ich dafür Enthaarungscreme benutzt, eine Chemiekeule, die extrem gestunken hat und bestimmt enorm schädlich für die empfindliche Haut war. Ich kann mich erinnern, wie ich spontan jemanden von einer Party mit nach Hause genommen habe und die Frage, ob ich rasiert bin oder nicht, immer mitspielte. Mein Bewusstsein, dass Haare an Frauen*körpern nicht so sexy sind, brachte mich dazu, heimlich noch mal ins Bad zu verschwinden und mich ganz schnell zu rasieren, während die Person von der Party im Bett lag und sich wunderte, wo ich so lange bleibe.

Einmal hat auch ein Typ von einem One-Night-Stand die Forderung an mich gestellt, das nächste Mal bitte rasiert zu sein. Als ganz selbstverständlichen Anspruch als Mann auf einen haarfreien Körper der Frau. Ich hatte daraufhin keinen Bock mehr, den Typ noch mal zu treffen.

Ich denke, dass mein feministischer Anspruch an mich im Bezug auf Haare am Körper von Frauen* noch sehr ausbaufähig ist. Auch wenn mein Umgang damit lockerer ist, erwische ich mich dennoch dabei, wie ich mir schnell noch auf der super ekligen Campingplatzdusche die Haare rasiere, weil ich am nächsten Tag in die Sauna will. Das sollte dringend überwunden werden!

Nadine Goldau, 28 Jahre

Meine hair-lich frauliche Gartenhecke

Meine Mutter war immer schon anders als andere Mütter. Unter ihren Achseln wuchsen die Haare wild. Sie hatten eine andere Farbe als die Haare auf ihrem Kopf. Auch ihre Beine waren natürlich behaart. Lange schwarze Haare auf blasser Haut. Vielleicht war sie nicht die einzige Mutter. Ich glaube nicht, dass die Mutter meiner besten Freundin aus der Grundschule sich die Beine rasierte. Aber meine Mutter hatte gar kein Gefühl, keine Wahrnehmung dafür, dass ihre Haare ein Akt der Revolution waren. Oder vielleicht doch? Mir jedenfalls war es mit zehn einfach nur peinlich, dass sie sich in weißen Spitzenunterhemden mit bloßen behaarten Achseln und Röcken, die frei schwingend ihre behaarten weißen Waden frei zur Schau stellten, in öffentlichen Räumen völlig unbefangen bewegte. Besonders ist mir der Moment in Erinnerung, an dem ich mit meiner Klasse am Bahnhof stehe, wir fahren auf Klassenfahrt nach Sylt, unsere Eltern sind noch da, um uns zu winken. Einige Eltern sind gar nicht da, sie arbeiten. Die, die da sind, sind adrett gekleidet und geschminkt (so kommt es mir zumindest vor), NUR meine Mama nicht. Die ist, wie Gott sie schuf, haarig, ungeschminkt, laut redend. Ich möchte im Boden versinken. Mir scheint, die Blicke der anderen tuscheln wortlos miteinander.

Das ist nun 18 Jahre her. Mittlerweile habe ich selbst Achselhaare. Und mag sie ganz gerne. Manchmal schneide ich sie. Wenn ich Lust habe. Meistens rasiere ich mir die Beine. Selbst behaarte Beine zu haben, das ist mir immer noch unangenehm. Meine Beinhaare sind drahtig und lang und dunkel, wenn ich sie frei wachsen lasse. Ich habe auch eine sehr helle Haut, egal ob ich in die Sonne gehe oder nicht. Meine Kopfhaare sind rötlich-gold-blond. Meine Körperhaare nicht. Meine Schamhaare sind drahtig rotbraun. Ich nenne sie meine »Gartenhecke«. Ich habe sie ein paar Mal ganz abrasiert, aber immer wenn ich das tue, fühle ich mich entweder wie ein kleines Mädchen oder wie todkrank. Das Bild vom kleinen Mädchen habe ich aus einem feministischen Buch. Ich weiß nicht mehr welches. Da drin stand, dass Haare eine erwachsene Frau ausmachen, und dass der Wahn nach glatten Geschlechtsteilen ein versteckter pädophiler Akt ist. Die Assoziation mit krank kommt von meiner Woche im Krankenhaus. Wo für eine Bauch-OP mein ganzes Schamhaar ratzeputz wegrasiert wurde.

Mit meiner »Gartenhecke« verbinde ich Erotik. Lust. Verspieltheit. Unabhängigkeit. Ich bin eine erwachsene Frau, die entscheidet, wen sie in ihren Garten der Lust einlädt und wen nicht. Da ich zwischen sieben und 21 im Schwimmverein war, ist es wirklich nur eine »Hecke«. Auf den Schamlippen und an den Oberschenkeln rasiere ich mich. Erstens finde ich es unangenehm, wenn Haare aus dem Badeanzug herauslugen, meine ganze Aufmerksamkeit beäugt unsicher, ob jemand dorthin schaut und ich bin völlig unentspannt, wenn ich mich dort nicht rasiert habe. Zweitens finde ich das Gefühl angenehm, auf den Schamlippen glatte Haut zu haben. Drittens klemmen sich Haare ein oder reiben beim Laufen oder Radfahren (Stoppeln auch, das ist noch unangenehmer) und viertens liebe ich Oralverkehr und Haare im Mund sind irgendwie unerotisch und unromantisch. »Hö plöh pöh!« zwischen lustvollen Seufzern zu husten, wenn ein Haar auf der Zunge liegt, zerstört ganz schön die Stimmung.

Ich habe schon ziemlich viel ausprobiert. Rasieren ist das Einfachste. Entgegen der Werbung und dem Blabla rasiere ich mehrmals mit einem Einwegrasierer. Manchmal monatelang. Bis die Klingen stumpf sind. Das geht. Enthaarungscreme riecht ekelig und ich bekomme danach Pickel. Epilieren tut höllisch weh und ich habe keine Geduld dafür. Warmwachs und Sugaring ist angenehm, wenn ich es mit einer Freundin zusammen als Art Ritual mit Schokolade und kichernden Geschichten mache. Ich habe es noch nie professionell machen lassen. Bei Kaltwachs kleben danach die Beine und es sind nie alle Haare weg.

Vor vier Jahren dachte ich mir: Meine Gartenhecke will ich immer haben. Meine Achselhaare stören mich nicht besonders, aber meine Beinhaare und die Haare auf den Schamlippen und zum After hin, die wäre ich gerne für immer los. Also habe ich zwölf Laserbehandlungen bezahlt (je 120 Euro pro Behandlung) und ertragen (es pikst schrecklich) und meine Haare wachsen immer noch fröhlich vor sich hin. Also habe ich mich mit ihnen angefreundet. Und rasiere sie immer, wenn ich Lust dazu habe. Sonst lasse ich sie einfach wachsen. Seitdem wir unseren Frieden miteinander gemacht haben, fühle ich mich insgesamt viel entspannter.

Gestern habe ich mir zum ersten Mal in meinem Leben meine Kopfhaare selbst geschnitten. Das war ein tolles Gefühl. Meine Haare wachsen unglaublich langsam und so war es für mich immer ein Drama, wenn der Tag des Haareschneidens wieder anstand. Bis ich letztes Jahr eine zweistündige Naturhaarschnitt-Session hatte. Danach wollte ich eigentlich nie wieder anders die Haare geschnitten bekommen. Aber gestern war der Neumond im Löwen, der Tag im Jahr, nach dem, wenn man dann die Haare schneidet, die Haare schneller wachsen sollen. Na, ausprobieren schadet nicht, und schneiden sollte ich sie eh bald. Keiner da, der sie mir schneiden will? Selbst ist die Frau! Und wie befriedigend es ist, sich selbst die Haare zu schneiden!

Du hast aber eine haarige Muschi!
ZORARUX 2020

Julia, 37 Jahre

Haare sind politisch

Das Nicht-Anerkennen dessen ärgert mich besonders bei sich als feministisch verortenden Menschen. (Ja, ich weiß, als Feminist*innen sollten wir solidarisch miteinander sein.

Trotzdem ärgert es mich.)

Ich freue mich für jede*n, die*der Frieden gemacht hat mit Haaren, Wenig-Haaren oder Keinen-Haaren.

Wirklich.

Und ich finde auch all' diese Möglichkeiten gleich gut und gleich emanzipiert.

Ich wünschte, ach was, ich verlange aber, dass (feministische) Menschen sich Gedanken darüber machen, ob ihre Entscheidung frei getroffen wurde. Ob eine gänzlich freie Wahl da überhaupt möglich ist. Die Reflexion darüber, wie viel die Gesellschaft, unsere Sozialisation da in uns mitredet. Unsere Sehgewohnheiten und Schönheitsideale definiert. Dass Haare Ausschlüsse manifestieren, wenn ihre Bedeutung rassistisch, klassistisch oder sexistisch aufgeladen ist.

Wenn das geschehen ist, wenn zumindest meine eigenen Struggles nicht verlacht werden, dann bin ich mit jeder der besagten Entscheidungen gut.

Haare sind politisch.

Yani, 27 Jahre

Busch ab?

Helle Haut. Kleiner Mund. Lange schwarze Haare. Dünne Figur. Und möglichst ein Gesicht, was klein und »jung« aussieht.

Meine Familie kommt aus Hongkong. Das sind die Schönheitsideale, die ich von zu Hause aus mitbekommen habe, obwohl ich selber in Deutschland aufgewachsen bin. Man kann sich vorstellen, dass es schwierig ist, diesen Idealen gerecht zu werden.

Komischerweise kann ich mich jedoch nicht an eine einzige Bemerkung zum Thema Körperbehaarung erinnern. Natürlich sind mir irgendwann Achselhaare und Schamhaare gewachsen. Auch Haare, die man als Frau »nicht haben sollte«. Am Mund, an den Beinen, etwas unter dem Kinn, auf den Nippeln ... etwas müssen meine Eltern doch gemerkt haben. Aber irgendwie konnte ich mich nicht dazu überwinden mit ihnen darüber zu reden, was da so genau mit mir geschieht. Wie ich damit umzugehen habe. Was war denn jetzt schön? Gehören da auch die Haare zwischen den Beinen dazu? Meine Mutter war auf jeden Fall unrasiert und ich hatte den Eindruck, dass es meinen Vater nicht störte bzw. dass er das sogar gut fand. Von der *Bravo* und meinen mitpubertierenden Freunden hieß es jedoch meistens »Busch ab«. Ich war verwirrt und brauchte etwas Rat. Sex und Körperbehaarung sind jedoch nicht so das Highlight der Konversationen am Frühstückstisch gewesen. Zugang zum Internet gab es damals für mich nicht.

Man darf mich jedoch nicht falsch verstehen: Meine Eltern sind unglaublich offen und ich hab jede Art von Freiheit genießen können, wie es meine deutschen Freunde auch getan haben. Aber bei privateren Themen bleiben meine Eltern wohl für immer verschlossen.

Diesen Eindruck habe ich generell von Familien mit ostasiatischen Wurzeln. Am besten man hat gar keinen Sex und hält seinen Körper jungfräulich bis zur Ehe. Dazu gehört auch, seine Körperhaare dran zu lassen. Haare machen nur die ab, die Schmutziges im Schilde führen. Vielleicht irre ich mich mit dem Bild ja auch. Woher soll ich das wissen? Es sprach und spricht ja keiner aus meiner Familie mit mir darüber.

Irgendwann haben meine Schwester und ich uns jedenfalls ein Rasiergerät gekauft.

Ganz nach dem Motto: der Masse folgen.

Mittlerweile kenne ich sie alle. Epilierer, Rasierer, Wax, Sugar, Cremes und was es noch so alles gibt. Alles mit dem Ziel, babyglatte Haut zu haben. Bekommen habe ich nur eingewachsene Haare und Rasierpickel.

Seit ich in Berlin wohne, stutze ich nur noch, epiliere eventuell die Achseln und lasse den Rest einfach wachsen. Das macht die Stadt nämlich mit einem. Nonchalant sein und nicht den Kampf mit dem eigenen Körper antreten. Die Schönheitsideale aus der Vergangenheit haben sich eigentlich in Luft aufgelöst.

Zora Rux, 32 Jahre

Ich bin eigentlich enthaart, ich komm' nur so selten dazu

Ich habe recht helle Körperbehaarung. Man sieht sie nur, wenn man mir eh schon nah ist und in solchen Fällen habe ich häufig das Gefühl, dass es mehr um ein Miteinander als um meine Be- oder Enthaarungskultur geht. Daher habe ich das Privileg, dass ich mir nie viele Gedanken über meine Körperbehaarung gemacht habe. Trotzdem unterliege ich der unhinterfragten Norm, dass man sich enthaart und mache das auch mehr oder weniger regelmäßig. Merkwürdigerweise finde ich Stoppel, die ich als Resultat meiner seltenen Enthaarung wahrscheinlich am häufigsten habe, eigentlich am wenigsten ästhetisch ansprechend. Aber da sie ein Haargefühl von »ich bin eigentlich enthaart, ich komm' nur so selten dazu« widerspiegeln, scheine ich mich damit am wohlsten zu fühlen.

Wenn ich ein Date habe, finde ich interessanterweise beides spannend: nicht rasieren, weil man dachte, man würde eh bekleidet bleiben, damit kann man sich unschuldiger und weniger interessiert darstellen als man eigentlich ist (obwohl man nur faul ist), oder sich rasieren und besonders »schön« präsentieren. Blöd ist natürlich, sich extra zu rasieren und dann den Mann nicht ins Bett zu kriegen. Das fühlt sich wie verschwendete Zeit an.

Ich enthaare mich also nicht für mich selbst. Vielmehr denke ich mich selbst bei meiner rasierten oder unrasierten Haut eigentlich immer als Objekt für jemand anderen.

Letztens habe ich meine 19-Jährige Assistentin draußen auf einen Kaffee getroffen. Das Wetter war als recht frisch vorausgesagt, plötzlich kam aber die Sonne raus und wir zogen unsere Wollpullis aus. Wir redeten über patriarchale Strukturen in der Filmbranche und saßen in der Sonne, sie streckte die Arme hoch und ich sah unter ihrem Arm sehr dunkle Haare wachsen. Sie sah meinen Blick und nahm sofort beschämt den Arm runter, um ihre Achselhaare zu verdecken. Ich hätte ihr gern gesagt, dass ich ihre Achselhaare cool und feministisch finde, hätte mich dabei aber übergriffig gefühlt.

Ich wünsche mir, dass Körperbehaarung zu Frauen dazugehört wie sie zu Männern dazugehört, aber unterliege diesen merkwürdigen Schönheitsidealen.

Ineke*, 41 Jahre

Irgendwie sieht man* immer aus – Einflüsse und Wirkung

Es war eine der wenigen Ohrfeigen, die ich mir in der Kindheit von meiner Mutter eingefangen habe, zumindest hat sie mich selten so extrem angeschrien. Sie telefonierte, irgendetwas wichtiges, jedenfalls schien sie sich partout nicht von mir ablenken lassen zu wollen. Ich hingegen, wahrscheinlich so fünf Jahre alt, entdeckte auf ihrem Arm – ein Haar. Ihr kennt das vielleicht: Alle Haare drumherum sind irgendwie unauffällig, aber aus den Leberflecken oder Muttermalen kommen lange schwarze Schamhaare heraus. Die Erinnerung behauptet, es sei das erste Haar aus einem Muttermal gewesen, das ich je gesehen habe. Alle anderen Haare am Arm störten mich nicht weiter, aber ich befand, dieses Haar sei dort falsch und begann daran zu ziehen. Meine Mutter atmete tief durch, versuchte mich davon abzubringen und telefonierte weiter. Gefühlte Dauer des Szenarios: mindestens fünf Minuten. Am Ende des Telefonates war das Haar noch an seinem Platz, meine Mutter erbost, ich kleinlaut. Was mir denn einfiele? Ich konnte sie nicht davon überzeugen, dass das Haar falsch sei.

Ansonsten erinnere ich mich an die Behaarung meiner Mutter nur insofern, dass sie sich im Sommer, aber nur zu bestimmten Anlässen, die Haare manchmal abbrannte und ich Sorge hatte, dass sie sich dabei verbrennen oder zumindest wehtun könnte. Außerdem dauerte es jeweils etwas, bis sich der Geruch wieder aus dem Badezimmer verzog. Insofern war ich schon damals keine Freundin davon, sich Haare zu entfernen.

Aber dass es nicht bei einem falschen Haar bleiben sollte, ist sicher keine Überraschung.

Im Normalfall schätze ich die Gnade der späten Geburt. Sie macht sich beispielsweise im zahnmedizinischen Bereich bemerkbar:

Angeblich ist Karies für kommende Generationen kein Problem mehr, überhaupt werden seltener Zähne gezogen als früher. Das empfinde ich als Fortschritt. Was Schönheitsideale und insbesondere das Behaartseindürfen weiblicher* Körper betrifft, bin ich eher froh, nicht noch später auf diesem Planeten erschienen zu sein. Zur Zeit meiner Pubertät gab es im Freibad durchaus untereinander Sprüche wie »mit den Haaren auf deinen Beinen könnte man ja schon Zöpfe flechten«, aber im Wesentlichen waren Haare an den Beinen nicht mehr oder weniger ein Thema als die auf dem Kopf, eher weniger. Dieser Satz konnte ja nur deshalb fallen, weil es überhaupt behaarte Frauen*beine zu sehen gab. Es kursierten zwei Witze, die außerdem darauf verwiesen, dass es vollkommen üblich war, im Schambereich behaart zu sein. »Hast du dich heute schon gekämmt?« (Ich bejahte diese Frage immer, auch wenn es nicht der Fall war, »Nein« wäre keine bessere Antwort gewesen ...) – »Unten auch?« Und »Was ist fünf Meter lang und hat nur ein Schamhaar?« – »Die erste Reihe auf dem Take-That-Konzert.« (Ich meine, mich gut an mein erstes Schamhaar zu erinnern, das sah da so alleine ganz lustig aus.) Damals konnte ich den unangenehmen Beigeschmack nicht in Worte fassen, wenn Jungen* diese Witze machten oder diese vor Jungen* gemacht wurden. Nur eine dumpfe Ahnung, dass sie das nichts angehe und ein Unwohlsein, weil sie sich das Ganze bildlich vorstellten. Wir Mädchen* hatten diese Art Privatsphäre untereinander eh nicht, mindestens durch die Umkleide vom Sport wussten wir in etwa, wie die anderen in der Klasse auch unter der Oberbekleidung aussahen. Keine Ahnung, wie das unter Jugendlichen heute so ist, ich stelle mir vor, dass beide Witze heute nicht mehr funktionieren. Und wenn die Umkleiden so sind wie damals, ist der Druck sicher noch größer, sich dort nur so zu zeigen wie die anderen, mindestens an Beinen und unter den Achseln enthaart, im Schambereich wenigstens frisiert. Als Frau* behaart zu sein, hat längst die Frage des privaten Geschmacks überschritten, ein haariges Äußeres wird durchaus auch als unhygienisch und damit als Zumutung oder eklig angesehen, was natürlich nicht haltbar ist.

Aber zurück zu den Umkleiden: Schwimmen und Sport. Das sind zwei Orte, die, wie ich finde, Alltagsorte sein sollten, Alltag im Sinne von: »einfach tun, nicht darüber nachdenken«. Und Sommer sollte ebenso eine Zeit sein, in der jede Person ebenso sein darf, wie sie will, natürlich auch, ohne darüber nachzudenken. Aber wo es mir im Alltag sonst gut gelingt, mir meine Körperbehaarung unterhalb des

Halses egal sein zu lassen, hört der Spaß (= das Nichtnachdenken) beim Schwimmen, Sport und im Sommer auf. Schade eigentlich. Damit scheidet Beachvolleyball schonmal aus, da kommen Schwimmen, Sport und Sommer zusammen. Aber Haare hin oder her, bis 2012 war Beachvolleyball so oder so keine Option, weil bereits im Regelwerk festgelegt war, wie frau* angezogen zu sein hatte[I] (geht's noch?). Und ja, ich bewundere die Frauen*, die im Sommer ihre behaarten Beine zeigen (auch wenn mir bislang nur blonde mit blondem Beinhaar begegnet sind). Und ich danke Euch! Eines Tages werde ich in Euren Reigen wieder einsteigen. Gerade ist es mir zu anstrengend. Und an die Bademodenhersteller*innen: Muss denn wirklich jeder Badeanzug so geschnitten sein, dass es blöd aussieht, wenn man* die Haare im Schambereich nicht entsprechend eingegrenzt hat? Und ja, ich kann die Haare auch einfach wegmachen, das ist nicht so super aufwendig, aber ich will sie einfach nicht wegmachen müssen. Da bevorzuge ich, im doppelten Wortsinne, FreiKörperKultur.

Außerhalb des FKK-Bereichs laufe ich in der Folge zwar nicht verschleiert herum, aber ich halte mich bedeckt, bzw. ich halte meine Beine bedeckt. Und ich kann es verstehen, wenn Frauen* einen Schleier als Schutz gegen männliche* Blicke bezeichnen, auch wenn sie dafür vielen anderen Blicken ausgesetzt sind. Kurz gesagt: Kleidungstechnisch finde ich Winter echt angenehmer als Sommer. Ich bin mit dem was ich sage und tue für die meisten schon herausfordernd genug, da müssen die Leute nicht auch noch wissen, dass ich behaart bin bzw. sie müssen es nicht extra gezeigt bekommen.

Denken können sie es sich eh. Warum? Man sieht es in meinem Gesicht. In den coolen Momenten denke ich mir »das ist der Beitrag meines Körpers zur Geschlechterdebatte«. Den Satz habe ich mir zwar zurechtgelegt, um auf blöde Kommentare zu reagieren, gerne auch, um in die entsprechende Debatte einzusteigen, in den einzelnen Momenten war ich aber nie lässig genug, ihn auch zu sagen. Haare im Gesicht sind verzwickter als zum Beispiel Beinhaare. So gern ich Kopftücher trage – bzw. eigentlich eher Schals, die eben auch über den Kopf gehen – mein Gesicht trage ich gerne unbedeckt. Die Option, die Haare zu entfernen, ist im Gesicht deutlich schwieriger als an Beinen und unter den Achseln. Und wohingegen ich enthaarte Beine durchaus auch schön finde (genau wie behaarte, es ist mir eigentlich egal), finde ich sichtlich enthaarte Gesichter nicht schön. Gezupfte Augenbrauen? – schaue ich lieber weg (ernsthaft! Ich würde gerne wissen, wie vielen es hier so geht wie mir). Rasierte Oberlippenbärte? Kann frau* sich sparen. Wachsen eh bald nach und ziehen den Blick genauso auf sich, wie wenn nichts gemacht worden wäre. Davon abgesehen finde ich, spricht optisch und auch sonst nichts gegen »Oberlippenbärte«[II] bei Frauen* wie bei Männern*.

Von den Augenbrauen abgesehen würde ich gerne sagen: Soll doch jede*r, wie er*sie will (natürlich gilt das für Augenbrauen auch, ich schau dann nur nicht so gern hin und ich wünschte einfach, dass niemand sich die Augenbrauen freiwillig zupfen müsste). Mache ich auch, wie ich will. Es wäre nur so schön, wenn es nicht so aussehen würde, als ob alle das gleiche wollen würden. Mehr Vielfalt, mehr Freiheit, mehr Selbstbewusstsein – mehr wichtigere Themen!

À propos wichtige Themen, die schöne Geschichte am Schluss: Eflornithin ist ein Mittel, das Haarwuchs verlangsamt. Von Frauen* wird es heutzutage eingesetzt, um Bartwuchs im Gesicht zu vermindern. Aber: Eflornithin ist auch ein Mittel, das gegen eine Form der unbehandelt tödlichen Schlafkrankheit (*Trypanosoma brucei gambiense*) wirkt. Als Medikament wurde die Produktion in den 1990er Jahren zuerst eingestellt – es generierte zu wenig Profit (leider kein Einzelfall bei den sogenannten vernachlässigten Krankheiten). Erst, als es als Enthaarungsmittel wieder auf den »westlichen Markt«/den Markt des Globalen Nordens kam, »lohnte sich die Produktion wieder« und es wurde dann auch als Medikament erneut her- und zur Verfügung gestellt.[III] Da hatte »unser« Schönheitsideal wenigstens mal einen positiven Nebeneffekt.

[I] https://de.wikipedia.org/wiki/Beachvolleyball#Spieler_und_Kleidung, https://de.wikipedia.org/wiki/Beachvolleyball#Kontroverse_um_Spielkleidung_und_Sexismus
[II] Ah, krass, wenn man das Wort Damenbart bei Wikipedia eingibt, wird man direkt zu Hirsutismus weitergeleitet. Obwohl, wie dort erklärt, ein Damenbart alleine noch keinen Hirsutismus ergibt
[III] Die Geschichte dazu unter anderem auf https://de.wikipedia.org/wiki/Eflornithin. Es bedurfte allerdings auch eines öffentlichen Aufschreis, bevor Eflornithin neben dem kosmetischen Produkt auch wieder als lebensrettende Medizin vertrieben wurde, aber das nur am Rande bemerkt.

SUSIE GING ZUM WAXING.

ZORA RUX 2020

Johanna Debes, 34 Jahre

Wie soll ich das verstehen?

Wikipedia: Ein Haar (lat. pilus, capillus [Haupthaar], crinis, coma*) ist ein langer Hornfaden, der auf der Haut von Säugetieren wächst.*

Hätte diese Info geholfen, als meine Schwester das neugeborene Kind zum ersten Mal skeptisch betrachtete?

Von Kopf bis Fuß war es mit dunklen Haaren bewachsen, wie ein kleines Äffchen. Unsere Mutter meinte tröstend: »Aus den hässlichen Babys werden später die schönsten Menschen.« Hoffentlich hatte sie recht.

Dieses Äffchen war ich und dies ist meine erste Haargeschichte.

Wikipedia: Bei der menschlichen Behaarung (auch Haar *als Kollektivum) unterscheidet man Kopfhaar (Haupthaar, Barthaar und Augenbrauen) und Körperhaar.*

Hätte ich als Baby schon gewusst, wie viele Gedanken ich mir über Haarentfernung machen würde, mir wären bestimmt vor Schreck sofort alle ausgefallen. Nun lasse ich meine Haare auf dem Kopf schon seit Jahren vom Friseur ausdünnen, um die Mähne zu bändigen.

Und ich weiß noch, als ich mir das erste Mal meine Beine rasiert habe, einen von der Sonne golden gewordenen dichten Flaum. Hätte mich nur jemand vorgewarnt, dass sich ab jetzt jeden Tag schwarze Stacheln ihren Weg aus meiner Beinhaut bahnen würden, ich hätte es bestimmt nicht getan.

Seitdem rasiere ich jeden Tag meine Waden bis zum Knie, ritsch ratsch, und denke nicht im entferntesten daran, es nicht zu tun.

Das erste Mal Intim Waxing bleibt aber mit Sicherheit das eindrucksvollste Erlebnis. Relativ frohen Mutes bin ich hingegangen, wie zum Friseur, diese Vorfreude jetzt etwas Neues zu probieren, etwas zu verändern.

Ausziehen, hinlegen, der ungläubige Blick: Noch nie Waxing probiert?

Dann ein Blick auf meine Haarpracht, die ich mir extra mal länger nicht rasiert hatte und dann der etwas mitleidige Blick: Du hast wirklich ungewöhnlich starke Haare!

Ich ahnte nichts Gutes und mir wurde mulmig im Magen.

Da lächelte sie mich aufmunternd an und gab mir zwei Bälle in die Hand: »Drücken! Gegen die Schmerzen, das hilft.«

Spätestens jetzt wäre ich am liebsten gegangen.

Dann ging eigentlich alles ganz schnell, gefühlt kochendes Wachs auf meinen äußeren Vulvalippen, leicht draufgedrückt und dann ritsch ... der Schmerz schoss mir durch den ganzen Körper, mir wurde erst heiß und dann kalt. Ich konnte es einfach nicht glauben, dass ich und andere sich das freiwillig antun. Ich fühlte mich vergewaltigt, vom Waxing Studio, von dieser Mode und mir selber. Ich begann mich aus meinem Körper rauszuziehen, mich irgendwo anders hin zu meditieren, aber es half nichts.

Irgendwann war die Tortur vorbei, völlig verschwitzt, aufgelöst und auch einfach schockiert verließ ich den Laden. Ich weiß noch wie ich zu meinem Telefon griff, meinen damaligen Freund anrief und ihm sagte: »Du glaubst nicht, was ich grade erlebt habe!« Er hatte richtig Angst, als er meine Stimme hörte und musste dann wohl auch aus Erleichterung lachen. War ja zum Glück alles freiwillig!

Und das Merkwürdigste ist, danach folgten von mir noch viele weitere Besuche im Waxing Studio, bis heute. Wie soll ich das bloß verstehen?

Ich mag diese weiche gewaxte Babyhaut, nie wieder würde ich mich im Intimbereich rasieren, eingewachsene Haare, Reizungen, jucken oder piken, das gehört der Vergangenheit an. Ich liebe Küsse auf meinen nackten Vulvalippen und finde es nur halb so schön mit Haaren dazwischen. Auch beim Sex finde ich es super schön, wenn keine Haare im Weg sind und piksen. Macht mich das nun weniger feministisch?

Letztens war ich mit meiner Mutter und Schwester bei einem Workshop: einem Vulvafotoshooting. Und als ich die Bilder von uns allen anschaute, fand ich die wenigen behaarten Vulven einfach kraftvoller und wilder, meine »Frisur« machte aus meiner wunderschönen Vulva ein gezähmtes Tier. Das war nun wirklich nicht meine Absicht!

Mal sehen, gerade wachsen sie wieder ...

Dabei brauchen wir unsere Körperbehaarung doch für unseren Streichelsinn – ja, den gibt es wirklich! Eine Wahrnehmungsfähigkeit, die dazu da ist, unser Grundbedürfnis nach Nähe erfüllen zu können. Die dafür zuständigen Nervenbahnen befinden sich jedoch nur in Bereichen der Haut, wo Haare wachsen und seien sie auch noch so winzig. In der Handinnenfläche oder in den Fingerspitzen gibt es diese speziellen Nerven zum Beispiel nicht. Wird der Streichelsinn aktiviert, entspannen wir uns und unser tiefes Bedürfnis nach Liebe und Geborgenheit wird befriedigt.

Ist unsere Nation nicht völlig unterkuschelt?

Liegt das nur an fehlenden Berührungen oder auch an fehlenden Haaren?

Sü, 34 Jahre

Haarige Kultur

Ich bin ein ziemlich haariger Mensch und das hat mich schon immer gestört. Ich weiß aber nicht mehr, ob das von außen kam oder von innen. Bei uns in der Familie war das schon immer ein Witzfaktor, dass unsere Männer sehr wenig Haare haben, aber die Frauen sehr viele. In der Türkei haben viele Menschen ein negatives Gefühl gegenüber Körperhaaren. Dies gilt aber auch für die Männer. Abgesehen von ihren Beinhaaren entfernen sie fast die ganzen restlichen Haare am Körper, weswegen es irgendwie zur Normalität wird, dass man das macht.

Als ich zwölf wurde, war es mir super peinlich einen Rock anzuziehen und damit zur Schule zu gehen. Ich musste meine Mama fragen, ob ich meine Beinhaare entfernen darf. Sie war nicht wirklich einverstanden mit der Idee, aber nicht weil sie die Natürlichkeit besser findet, sondern weil sie dachte, wenn ich das jetzt schon entferne, werden die Leute denken, ich mache mich hübsch für die Männer. Am Ende hat sie es mir nur bis zu den Knien erlaubt. Ich musste eine Zeit lang so rumlaufen, aber es war mir super peinlich, weil das wirklich sehr absurd aussah. Nach meinen stundenlangen Bitten, hat sie mir erlaubt, den Rest auch zu entfernen.

Als ich an der Uni war, haben viele Leute angefangen, sich über meine Armhaare lustig zu machen und ich habe, wie viele andere, versucht, meine Armhaare zu entfernen, aber mir wurde schnell klar, dass das keinen Sinn hat und habe das sofort sein lassen.

Ich habe einige weibliche Freunde um mich herum, die ihre Haare nicht rasieren. Ich finde das schon in Ordnung. Jede soll das machen, was sie will und was sich besser anfühlt. Mich stören Damenbärte ein wenig, aber ich stehe auch nicht besonders auf Herrenbärte. Vielleicht will ich so wenig wie möglich Behaarung sehen, weil ich selber so behaart bin und das schon immer ein Thema in meinem Leben war, bis ich nach Deutschland kam. Hier rasiere ich nur meine Bein- und Achselhaare, ich habe aufgehört Wachs zu benutzen und damit spare ich unheimlich viel Geld.

Ellen, 50 Jahre

Vorstellungsgespräch

»Die Nächste, bitte.«

Eine Frau mittleren Alters kam herein. Ihr erster Satz war: »Wenn ich die Stelle wegen meines Bartes nicht bekomme, rasiere ich ihn selbstverständlich ab.«

Ich war erschrocken, hielt ich mich doch für einen weltoffenen, toleranten Menschen. Es ging gegen meine Prinzipien, das Äußere eines Menschen über seine Qualifikation zu stellen. Aber auch ich war kurz irritiert – und beeindruckt.

Sie bekam die Stelle und behielt ihren Bart. Worauf ich nicht gefasst war, waren die abwertenden Kommentare der anderen im Team.

Siri Wiedenbusch, 24 Jahre

Total rasierte Stoppelbeine

Ich erinnere mich nicht mehr genau an den Moment, in dem mein frisch pubertierendes Ich zum allerersten Mal mit den eigenen Achsel-, Bein- oder Schamhaaren in Berührung kam – aber ich erinnere mich noch, dass für mich schon vor dem ersten Haar feststand: Ich werde mich bis an mein Lebensende rasieren.

Margarete Stokowski beschreibt in *Untenrum frei*, wie sie mit Anfang zwanzig dank eines Krankenhausaufenthaltes, während dem sie nicht zum Rasierer greifen konnte, zum ersten Mal in ihrem Leben wirklich ihre Achselhaare erblickte: »Ich dusche und gucke mich unter den Armen an und denke, hm, interessant, ich habe theoretisch seit zehn Jahren Achselhaare und habe sie noch nie gesehen.«

Auch ich bin meinen Achselhaaren in ihrer vollen Pracht zum ersten Mal vor etwa einem Jahr begegnet und bin immer noch nicht an dem Punkt, wo ich in jeder Lebenssituation zu einhundert Prozent selbstbewusst mit ihrer Existenz umgehe.

Als Mädchen jedenfalls – wann auch immer nun der genaue Zeitpunkt war, an dem die Pubertät mich erwischte, ich schätze irgendwo zwischen zwölf und vierzehn – bat ich meine Mutter sofort mit mir zum Drogeriemarkt zu fahren, um die neue Behaarung schnellstmöglich wieder loszuwerden, bevor jemand außer mir sie sehen konnte. Meine Mama fuhr mich und hielt sich dabei zurück mit einer Meinung zu dem Thema – sie rasierte sich selbst nicht (soweit ich weiß, hat sie das erst später angefangen, nachdem sie es bei mir beobachtet hatte – tut mir leid, Mama) und konnte den Sinn dahinter wohl nicht so ganz erkennen, aber sie wusste auch, dass Kinder in der Pubertät eben solch merkwürdige Dinge tun und versuchte, mich zu unterstützen. Wir standen beide etwas ratlos vor der überwältigenden Auswahl an unterschiedlichen Haarentfernungsgerätschaften. Ich entschied mich dann erst mal für eine Enthaarungscreme, und die benutzte ich tatsächlich eine ganze Weile, bis ich irgendwann mit sechzehn das erste Mal zu Einwegrasierern griff. Die Creme habe ich danach nie wieder benutzt und tatsächlich bis heute keinen anderen Menschen getroffen, der von ihr Gebrauch macht. Verständlich, war auch immer eine riesen Sauerei. Ein einziges Mal hatte ich versucht, von der Creme auf Kaltwachsstreifen umzusteigen, weil Freundinnen oder die *Bravo* die mir empfohlen hatten. Tat höllisch weh, entfernte aber kein einziges Haar und ich bekam einen juckenden Ausschlag. Hatte sich dann für mich erledigt.

Ich habe es bis vor circa zwei Jahren nicht infrage gestellt, mich am gesamten Körper zu enthaaren. Achsel- und Beinhaare bekamen so gut wie nie die Chance, das Licht der Welt zu erblicken, weil die ja ständig Gefahr liefen, gesehen zu werden – selbst im Winter, denn einmal die Woche hatte man ja Sportunterricht in der Schule. Und nachdem ich ein paar Mal auf spontanen sexuellen Kontakt mit Jungen verzichtet hatte, weil mein Intimbereich gerade nicht dem einer Achtjährigen glich (selbst ein paar Stoppeln waren mir unangenehm, und die kündigten sich eigentlich einen Tag nach der Rasur schon wieder an), wurde auch die Intimrasur ziemlich bald zur Routine.

Dass eine Gesamtkörperenthaarung ein ziemlich aufwändiges, zeitintensives Unterfangen ist und jedes Mal einige Liter Wasser unnötig verschwendet, kann vermutlich jede Frau bestätigen, die sich dem regelmäßig aussetzt. Dass man besagtes Unterfangen ungefähr alle zwei bis drei Tage erneut durchführen muss, weil die feindlichen Haare dann schon wieder zu erahnen sind, ist auch selbstredend. Eigentlich hätte mir schon bei den regelmäßigen roten Ausschlägen, die damals meine jugendlichen Beine zierten, klar sein müssen, dass ich da möglicherweise etwas Unnatürliches tat, das meinem gesunden Körper so gar keinen Spaß machte.

Aber jeder machte es – deshalb hinterfragte ich es nicht. Klar, es nervte. Aber es nervte auch, von Typen im Club ungefragt angefasst zu werden, sich von seinen Kumpels frauenfeindliche Witze anzuhören, von denselben Kumpels bei diversen Themen erklärt zu bekommen, man könne da als menschliches Wesen ohne Penis einfach nicht mitreden (zum Beispiel bei der Beurteilung der »Fickbarkeit« weiblicher Promis – und das, obwohl man sich zu diesem Zeitpunkt schon recht sicher war, dass man nicht ausschließlich auf Männer steht) und dementsprechend häufig unterbrochen, korrigiert und belehrt zu werden, sich nachts auf dem Heimweg mit Pfefferspray und Schlüssel im Anschlag schweißgebadet alle zwei Minuten umzuschauen und sich möglichst dümmer zu stellen, als man eigentlich ist und dabei in einer höheren Frequenz als üblich zu kichern, wenn man sich mit dem Typen unterhält, den man süß findet. Ja, all das nervte. Aber das sind eben alles Dinge, mit denen man sich zu arrangieren hat, wenn man mit Scheide und Brüsten in diese Welt geboren wird, vermutete ich damals, und dafür war die Pubertät ja auch ein bisschen da, so zum Üben, wie man eine »richtige Frau« wird. Ich fühlte mich sogar ein bisschen cool, weil ich das begriffen hatte, und auch ganz gut darin war: zuzuhören, was die Promifrauen nach Ansicht meiner Kumpels »fickbar« machte, und dann zu versuchen, dem möglichst gleichzukommen. Und die Haut von diesen Frauen war nun mal auf jedem der photogeshoppten Magazincovers glänzend und sanft wie ein Babypopo.

Als ich vor drei Jahren nach Berlin zog, befasste ich mich zum ersten Mal näher mit diesem ominösen Feminismus, den ich zuvor nur als ein vorurteilsbelastetes Fremdwort abgespeichert hatte, und fand nach und nach durch Gespräche, Bücher und davon angeregte selbstständige Grübeleien heraus, dass ich viele von den oben genannten Gängigkeiten, die ich als Jugendliche hatte über mich ergehen lassen, vielleicht gar nicht so selbstverständlich akzeptieren muss. Vielleicht lautet die Frage gar nicht: Wie wird man eine »möglichst fickbare« Frau (aber bloß keine Schlampe! Natürlich!), sondern: Wer entscheidet eigentlich, was »fickbar« ist? Und: Muss ich zu jeder Gelegenheit meines Lebens »fickbar« sein, nur weil ich eine Frau bin?

(Etwas in mir sträubt sich übrigens gewaltig, das Wort »fickbar« so oft in diesen Text einfließen zu lassen [schon wieder!], aber es ist ein adäquates Beispiel für die Wortwahl der Männer, mit denen ich zu Jugendzeiten in Kontakt gekommen bin.)

Natürlich: Angenommen, ich bin eine heterosexuelle Frau, dann entscheiden darüber erst mal die Männer, mit denen ich gerne schlafen möchte. Und wenn eben ein Großteil heterosexueller Cis-Männer weibliche Körperbehaarung abstoßend findet – was soll ich denn dann machen? Es steht mir natürlich frei, mich nicht mehr zu rasieren, ja, aber warum sollte ich mich absichtlich unattraktiv für die Balz machen?

Und weitergedacht: Ist es denn tatsächlich der ganz persönliche Geschmack dieser Männer, dass sie Haare ablehnen? Oder sind sie vielleicht gar nicht Herr ihrer eigenen Vorlieben? Geht das Ganze vielleicht tiefer?

Ein gutes Beispiel, was diese These untermauert, sind Trends. Ein neuer Trend kommt auf, nehmen wir zum Beispiel Cordhosen. Ich fand Cordhosen schon immer schrecklich und hätte niemals freiwillig eine angezogen. Jetzt tragen aber in Berlin um mich herum immer mehr Leute Cordhosen, und irgendwann ertappte ich mich dabei, wie ich selbst vor dem Schaufenster eines Modegeschäfts stand und mir überlegte, ob eine Cordhose nicht doch ganz gut zu meinen neuen Sneakern passen würde. Hups? Wie war das auf einmal passiert? Ganz einfach: Was wir oft um uns sehen, an das gewöhnen wir uns, und das führt häufig dazu, dass wir es irgendwann auch ganz schön finden. Fragt sich: Bilden wir uns unseren eigenen Geschmack nur ein? Finde ich die Cordhose wirklich schön, oder nur, weil alle sie tragen? Und fand ich die Cordhose davor wirklich hässlich, oder galt sie einfach noch nicht als cool? Und wie verhält sich das mit rasierter Haut?

Ich weiß es ehrlich gesagt nicht, aber ich finde es spannend, darüber zu philosophieren. Vielleicht sind viele Männer Frauen mit Haaren gegenüber bloß deshalb abgeneigt, weil sie selbst wiederum ständig nur mit rasierten Muschis und Achseln und Beinen bombardiert werden, sei es in Filmen, Werbungen, Magazinen oder Pornos. Und nicht nur Männer – wir Frauen sind davon ja genauso geprägt. Ich bin mir immer noch nicht sicher, ob ich meine Körperbehaarung wirklich schön finde. Mittlerweile bin ich mir aber auch nicht mehr sicher, ob ich meinen Körper ohne Haare schön finde. Ich spüre lediglich, wie sich eine immer größer werdende, beruhigende Gleichgültigkeit diesem Thema gegenüber in mir einstellt.

Wie wäre es denn, wenn auf einmal jede Frau fröhlich all ihre Haare sprießen lassen würde? Und da ich gerade wie selbstverständlich immer nur über die drei naheliegendsten Problemzonen spreche: Natürlich wachsen einem als Frau auch noch an ganz anderen Stellen Haare, über die es noch viel unangenehmer ist, zu sprechen. Auf den Zehen zum Beispiel, über dem Mund und um die Brustwarzen. Alle diese Haare entferne ich bis heute.

Ich taste mich langsam, Schritt für Schritt, ein bisschen misstrauisch, aber auch neugierig, an diese neuen Mitbewohner heran. Seid ihr Freunde? Seid ihr Feinde?

Die ersten Haare, denen ich irgendwann erlaubte, etwas Frischluft zu schnappen, waren meine Schamhaare. Allein die Bezeichnung »Schamhaare« macht es einem schon schwer, sich mit ihnen anzufreunden. Soll ich mich schämen dafür, dass mir dort unten Haare wachsen? Soll ich mich schämen für etwas, wofür ich gar nichts kann? Ich habe ja nicht beschlossen, dort Haare zu haben – das hat die Natur so organisiert. Und nicht nur bei mir, sondern bei jeder Frau. Da brauchen wir nicht immer so zu tun, als bestünde »echte Weiblichkeit« aus nackten Mumus. Wenn die nackt sein sollten, um begehrenswert zu sein, dann wären sie es auch. Es ist vollkommen absurd, dass wir Haare mit Männlichkeit verbinden, wo wir Frauen doch fast genauso behaart wären, wenn man uns mal lassen würde. Umgekehrt werden Männer, die sich von ihrer Körperbehaarung gestört fühlen und sie deshalb beseitigen, gerne mal als »schwul« oder »feminin« bezeichnet (darüber, wie absurd es ist, dass viele Menschen Schwulsein automatisch mit Weiblichkeit assoziieren, könnte man noch einen ganz neuen Text schreiben) – kurz: Die einen müssen Haare haben, die anderen dürfen nicht. Jedenfalls sind meine – ich nenne die jetzt einfach anders – Charmehaare die ersten, die ich irgendwann nicht mehr ganz so konsequent mit der Rasierklinge bedrohte. Das lag daran, dass ich damals einen Freund hatte, den das nicht so störte, und man sich in einer Beziehung ja ab einem gewissen Zeitpunkt eh nicht mehr die Mühe macht, tagein, tagaus »fickbar« auszusehen. Dieser Freund fand mich übrigens merkwürdigerweise auch ohne flachen Bauch und thigh gap ziemlich sexy. Ist es möglich, dass Männer vielleicht doch nicht ausschließlich auf den einen Typ Frau aus der Unterwäschewerbung stehen?

Mit dem Umzug nach Berlin lernte ich einen Haufen interessanter neuer Menschen kennen, von denen viele weltoffener waren als die, die ich von meinem Leben auf dem Dorf her kannte. Da sah ich auch in diversen Umkleidekabinen zum ersten Mal reihenweise unrasierte Muschis, und zwar nicht nur die paar Borsten, die ich mir inzwischen erlaubte, sondern richtig ungenierte Büsche. Die Gewöhnungsphase begann.

Ich lernte auch immer mehr Frauen kennen, die sich die Achseln nicht rasierten; bei manchen wusste ich, dass es ein politisches Statement war, andere sprachen nie darüber – für die schien das ganz normal zu sein. Das wurde mein nächstes Experiment. Anfangs fühlte sich das sehr merkwürdig an, und ich hatte das Gefühl, als ob mich jeder, aber auch absolut jeder anstarrte, sobald ich meinen Arm nur ein bisschen anhob. Jetzt, nach einem Jahr, kann ich allerdings sagen, dass ich mir um meine Achselhaare überhaupt keine Gedanken mehr mache und sogar ein bisschen überrascht bin, wenn mich jemand darauf anspricht, was ab und zu mal vorkommt. Ich vergesse oft, dass sie da sind. Genauso wie ich nicht ständig daran denke, dass ich einen Mund oder Hände oder einen Bauchnabel habe.

Und manchmal, wenn ich vor dem Spiegel stehe, hebe ich die Arme in die Luft und schaue mir meine Haare an und muss lächeln, weil ich sie echt schön finde. Und dann trage ich absichtlich ein Spaghetti-Top, weil die Haare irgendwie zum Outfit gehören – wie eine neue Frisur.

Zur Zeit arbeite ich an Punkt drei der drei großen schambehafteten Haarwachstumszonen: der Akzeptanz meiner Beinhaare. Das fällt mir bislang am schwersten; was wieder die Trend-These belegen würde, die ich vorhin angesprochen habe, denn meine Augen haben sich an haarige Vulven und Achseln dank häufiger Konfrontation schon einigermaßen gewöhnt (ein Hoch auf Berlin!), aber Beinhaare sind da noch seltener. Ich habe das Gefühl, diejenigen Frauen, die ihre Beinhaare nicht regelmäßig entfernen, sind meistens solche, denen davon sowieso wenige wachsen, oder bloß ganz helle und unauffällige. Ich rasiere mir zwar gerade immer seltener die Beine und zwinge mich, mit meinem Fell in kurzen Hosen vor die Tür oder im Bikini an den Strand zu gehen, aber richtig wohl fühle ich mich damit bislang nur in bestimmten Kreisen.

Ich bin aber überzeugt, dass sich das auch noch gibt, je mehr Frauen es mir gleichtun werden, und je öfter wir alle in Blick und Gedächtnis gerufen bekommen, dass weibliche Personen auch von Mutter Natur mit Flaum am Körper beschenkt werden.

Vielleicht sind wir in einigen Jahren schon so weit, dass Körperbehaarung so normal geworden ist, dass wir tatsächlich ganz selbstständig differenzieren können, ob wir auf sie stehen oder nicht. Mein zweiter Freund erklärte mir, er empfinde kein körperliches Verlangen mir gegenüber, wenn ich mich nicht rasiere. Er finde das eben einfach nicht attraktiv. Nun, dagegen konnte ich schlecht mit Geschlechtergerechtigkeit argumentieren – er hätte dann vielleicht verstanden, warum ich keine Lust hatte, mich wöchentlichen Rasurtorturen zu unterziehen, aber seine Lust hätte das nicht steigern können. Langsame Umgewöhnung dagegen möglicherweise schon. Wenn vierzehnjährige Jungs ihre ersten sexuellen Regungen gegenüber halbnackten Frauen in Musikvideos verspüren, dann lugen in der Zukunft vielleicht kleine, feine Härchen aus den Seiten ihrer Tangas hervor. Und wenn diese Vierzehnjährigen dann achtzehn werden und mit einem Mädchen schlafen, dann gefällt es ihnen vielleicht sogar, sie zu lecken, obwohl oder gerade weil sie da unten nicht komplett rasiert ist. (In meiner utopischen Traumwelt müssen Frauen in der Zukunft in Musikvideos auch nicht mehr halbnackt sein, aber das ist schon wieder ein ganz anderes Thema.)

Ich erinnere mich, wie ein Mann, mit dem ich vor einer Weile eine Nacht verbracht habe, mir nach dem Sex über die nackten Stoppelbeine strich und sagte: »Wow, du bist ja total rasiert. Hab bei dir da jetzt mehr Haare erwartet.« Einige Stunden zuvor in der Bar, als sich die Möglichkeit herauskristallisierte, mit diesem Mann heute noch intim zu werden, hatte ich noch nach alten Mustern mit mir gehadert, weil meine Beine heute nicht aalglatt gejätet waren. Dank einer Kombination aus alkoholisiertem Mut und dem wütenden Beschluss, mir vom Patriarchat nicht schon wieder die Gelegenheit eines schönen Erlebnisses verbauen zu lassen, hatte ich mich allerdings dagegen entschieden, einfach in die Bahn nach Hause einzusteigen. Und nun entfleuchte mir ein halb ungläubiges, halb nervöses Kichern: »Ich bin doch nicht total rasiert.« Der Typ zuckte beiläufig die Schultern: »Im Gegensatz zu den Frauen, mit denen ich in letzter Zeit was hatte, schon.« Und damit zerschlug er alle Regeln der mir in der Jugend eingetrichterten »Fickbarkeit« in tausend Stücke. Ich lächelte.

Bleibt nur noch zu erklären, dass ich mich trotz aller neugewonnenen Liebe zu meinem Flausch immer noch rasieren darf, wenn ich das möchte. Es scheint nämlich für viele nur die Möglichkeit einer Frau als glattrasierte Barbiepuppe oder einer ganzkörperbehaarten Ökotante zu geben. Wenn man einmal damit anfängt, zu seinen Achselhaaren zu stehen, wird ganz schnell erwartet, dass man unter den Armen nie wieder haarlos sein wird. Ich habe aber manchmal auch Lust, mich zu rasieren, wenn mir die Haare zu lang oder zu unästhetisch werden. Und dann darf ich das, ohne direkt zurück in die alte Schublade verfrachtet zu werden: weg mit den Schubladen.

Lasst uns beharrlich (oder sollte ich sagen: behaarlich?) daran arbeiten, Schönheit neu zu definieren: und zwar über echte Menschen und nicht über Werbeplakate, Instagram-Accounts und Hollywood. Lasst uns einen Weg herausrasieren aus unseren von der Medienwelt gehirngewaschenen Köpfen. Wir kämpfen doch ständig dafür, selbstständig handeln zu dürfen – dann lasst uns vorher dafür kämpfen, selbstständig zu denken. Das Handeln entsprießt daraus dann ganz natürlich: wie unsere Haare.

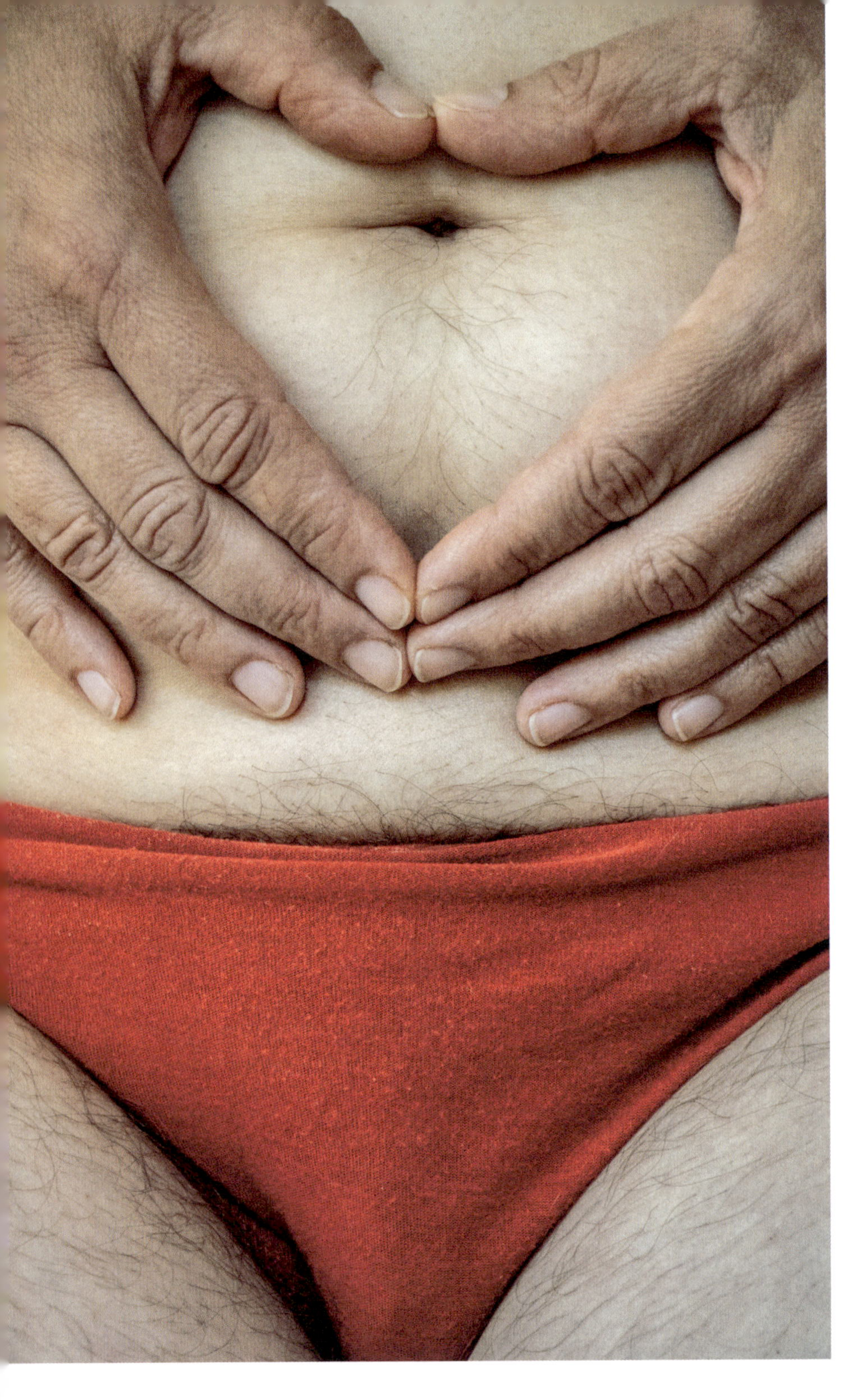

Camilla E., 26 Jahre

Haare dürfen

Haare dürfen den Wind spüren.
Wie oft habe ich den Wind vermisst.
Mit Haut und Haaren darf ich vom Wind getragen werden.

Haare dürfen dich angucken, dürfen mit dir sprechen und dürfen dich sehen.
Und du darfst zurückschauen.

Haare dürfen wie Türsteherinnen mein Lachen beschützen.
Solange, bis du zurück lachst und wir die ganze Nacht verbringen.

Haare dürfen mich wärmen, dürfen mich anziehen in all meiner Nacktheit.

Haare dürfen nach mir riechen.
Weil nur ich so rieche und das bin ich.

Haare dürfen piksen, dürfen weich sein, dürfen kurz oder lang sein, dürfen auch weg sein - dürfen willkommen sein.

Haare dürfen sein.

Lex, 23 Jahre

My body (hair) is non-binary: mein Verhältnis zu Körperhaaren, Genderausdruck und Weiblichkeit

Mein Körper gehört nicht mir: eine bittere Lektion, die mir schon beigebracht wurde, als ich im Kindesalter in Bedrohung häuslicher Gewalt aufwuchs. Als Teenager*in habe ich dementsprechend auf verschiedene Arten versucht, die Kontrolle über meinen Körper einigermaßen zurückzugewinnen. Zu dieser Zeit hat sich auch meine Beziehung zu Rasiermessern verändert, indem ich angefangen habe, sie für andere Zwecke als die Entfernung meiner Körperhaare zu benutzen. Die Instrumentalisierung von Rasiermessern in Form von destruktivem Verhalten führte schlussendlich zu ihrer Ablehnung als *act of self love*. Ich habe eines Tages einfach entschieden, dass mein Körper auch schön sein kann, wenn er dicke, lange Haare hat. Ich lernte, ihn zu nehmen, wie er ist, denn ich verbrachte nicht gerne mehrere Stunden damit, meine Körperhaare zu entfernen. Sie symbolisierten dadurch zunächst meine durch Selbstliebe entstandene Akzeptanz. Übrigens habe ich damals schon nicht verstanden, was auch immer der Unterschied zu männlichen Körperhaaren sein soll. Als ich später die wunderbare Welt des Feminismus entdeckte, ist mir auch klar geworden, dass meine Bein-, Achsel- und Schamhaare an sich eine Gesellschaftskritik darstellen. Dementsprechend haben sie auch schon bald heftige

Reaktionen bei meinen Freund*innen und nicht zuletzt meiner Familie ausgelöst. Immer wieder haben meine Mutter, mein Bruder und meine Freund*innen ihre Abneigung darüber geäußert. In solchen Situationen ist mir mehr denn je aufgefallen, wie Frauen* insbesondere unerwünschten Bemerkungen über ihre Körper ausgesetzt werden – und wie sich meine Umgebung das Recht angeeignet hat, meinen Körper jederzeit zu kommentieren. Das Stereotyp der verbitterten Feministin wurde da gerne als Gegenargument für meine unempfängliche Reaktion auf ihre übergriffigen Anmerkungen angeführt. Meine Mutter hat mich einmal zum Heulen gebracht, da ich wegen dieser ›unhygienischen Provokation‹ und diesem ›Aufdrängen meiner feministischen Gedanken‹ wie ein ›halber Mann‹ ausgesehen habe – *little did she know* dass ich mich Jahre später tatsächlich nicht mehr als Frau identifizieren würde. Jedenfalls hat sie mir erzählt, dass meine haarigen Beine und Achseln ihr schlaflose Nächte bereiten würden. Sie hat also meine Körperhaare wie etwas männliches und gleichzeitig wie ein radikal feministisches Statement betrachtet. Das hat mich abermals damit konfrontiert, wie klein die Schublade der Weiblichkeit für mich war. Obwohl ich oft Scham empfunden habe, wenn ich im Sommer einen Rock trug, war ich mir immer bewusst, dass diese Schamgefühle eine Folge von internalisiertem Sexismus waren.

Mittlerweile haben sich meine Körperhaare in ein Identifikationsmerkmal als non-binäre Dyke entwickelt. Es fällt anderen auch leichter, meine Haare zu akzeptieren, da sie aus ihrer Sicht leichter einzuordnen sind (und zwar unter: lesbisch und/oder nicht-weiblich). Auch meine Mutter hat mittlerweile eingelenkt: Sie verbietet mir nicht mehr, mit ihr in den Urlaub zu fahren, solange ich meine Haare nicht rasiert habe. Und seit ich mich als non-binär geoutet habe und ›halber Mann‹ gar nicht mehr so schlecht klingt, hat sie ja auch andere Sorgen. Das, wofür ich mich vor einigen Jahren noch geschämt habe, macht mich heute stolz und selbstbewusst, wenn ich im Spiegel meine Körperbehaarung betrachte, und auch dieses Projekt hat eine sehr *empowernde* Wirkung auf mein Selbstbild. Dass andere Lesben sich mit Neid über meine Beinhaare ausgelassen haben, hat natürlich auch geholfen. Und auch ich mache das: Mein*e Mitbewohner*in hat ein Büschel Beinhaare, von dem ich nur träumen kann!

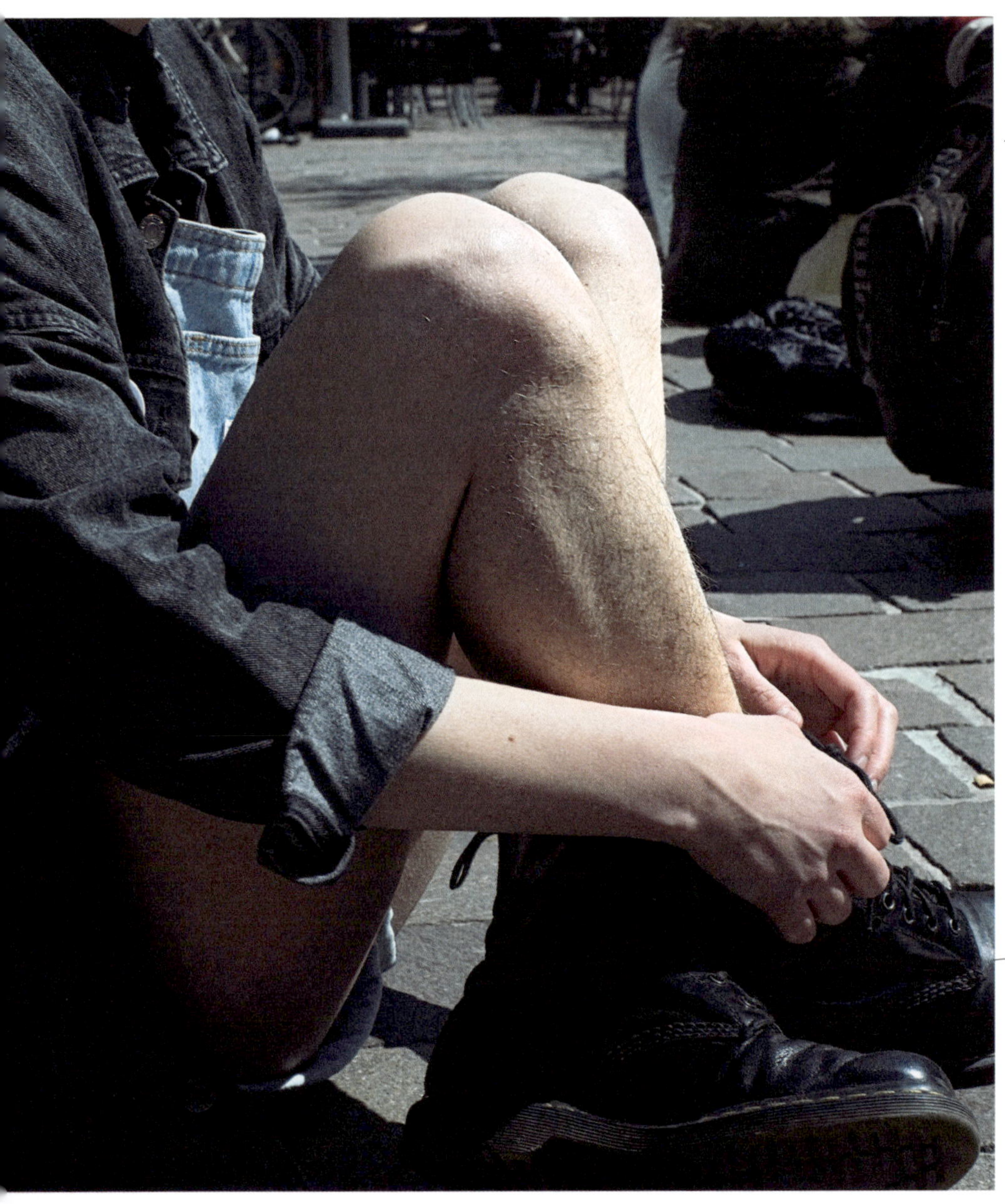

Arlo, 26 Jahre

Präsenz

Beinhaare lassen mich präsenter innerhalb meines Körpers fühlen.

Für Arlo ist es wichtig zu erwähnen: Arlo ist nicht-binär, xie/xier.
Übersetzt aus dem Englischen.

Avora Ha, 31 Jahre

Pfeffer & Salz

Eindeutig von meiner Mutter vererbt bekommen habe ich zwei Anlagen: zum einen eine Bauchwölbung, direkt unter dem Bauchnabel beginnend. Es ist ein liebevoller weiblicher Hügel. Ein Stupsbauch, ähnlich einer Stupsnase geformt, der sich wenig um die Mode mit ihrer scheinbar idealen Form schert, die von dieser Körperregion – ab der Brust bis zum Ansatz der Vulvahaare – komplett flaches Aussehen verlangt. Mein Stupsbauch verzeiht mir auch jeden Sit-up und kommt fröhlich sowie wohlgeformt wieder. Ich mag ihn, auf ihn ist Verlass.

Das zweite Merkmal sind die Haare. Ich finde sie perfekt, aber dazu später mehr.

Mein erstes graues Haar entdeckte ich mit dreizehn. Wobei *grau* schon der erste Fehler ist. Denn sie sind weiß, hellblond, selten silbrig – alles, aber nicht grau!

Bis ich siebzehn war, hatte ich fünf bis zehn davon. Ein einziges Mal habe ich mir eines ausgerissen. Es tat aber weh und ich ließ es bleiben. Vielleicht auch ein wenig, weil der Aberglaube kursierte, dass für jedes herausgerissene weiße Haar drei neue nachwachsen würden. Ich fand sie okay, aber beschleunigen wollte ich es nicht unbedingt, also ließ ich sie auf meinem Kopf.

Dies hatte zur Folge, dass es anderen zusehends auffiel und sie – mitunter erstaunt, mitunter mich sanft darauf aufmerksam machend, stets aber ehrfürchtig – zu mir sagten: »Du hast ein weißes Haar!« Das war süß, manchmal bescheuert, aber immer spontan und oft überfordernd, da sie und zwischenzeitlich auch ich, nicht genau wussten, wie wir mit so einer ungewöhnlichen und auch intimen Entdeckung umgehen sollten. Vor allem, wenn es Jungs waren. Das hieß nämlich zwangsläufig, dass sie meine braunschwarze Mähne länger als nur flüchtig angeschaut hatten.

Innerlich freute mich diese Erkenntnis und äußerlich reagierte ich mal gelassen, mal ironisch mit Anspielungen auf meine Weisheit, mal genervt, aber, bis auf die ersten Male, nie verlegen. Ich glaube, ich hatte schon damals verstanden, oder zumindest innerlich akzeptiert, dass es zu mir gehört.

Meine Mutter hat sich, soweit mir bekannt ist, nie die Haare gefärbt. Mit Anfang vierzig war sie bereits eine *silverhaired beauty* und mir bot sich damit ein direkter Blick auf die Zukunft meines Äußeren.

Das Nichtfärben bei mir fing aus profanen Gründen der Faulheit an. Allein der Gedanke, regelmäßig Ansätze nachfärben zu müssen, hielt mich erfolgreich vom ersten Versuch ab. Vom finanziellen Aspekt und den ewigen Wartezeiten beim Friseur ganz abgesehen.

Einmal habe ich jedoch eine Tönung ausprobiert. Die war viel günstiger, einfacher und schneller. Packung bei der Drogerie aussuchen, richtig lesen, einschmieren, Musik hören und herumtanzen bis die Einwirkzeit verstrichen ist, ausspülen – fertig ist der rostbraune Schopf. Dank meiner sonst sehr dunklen Haare sah man es aber nur, wenn die Sonne im richtigen Winkel stand und in diesen Momenten hatte ich selten einen Spiegel dabei. Das wiederum rief bei mir etwas Enttäuschung ob der ausbleibenden Veränderung hervor und ich verbannte das Tönen sofort wieder aus meiner Routine. Sowieso sprang der Funke nicht so richtig über: Ich hatte mich nie piercen oder tätowieren lassen, hatte noch nicht mal Ohrlöcher und irgendwie blieb ich doch lieber natürlich.

»Du bist der natürlichste Mensch, den ich kenne!«, hat mal eine Mitschülerin zu mir gesagt. Kurz danach waren wir lebenslang befreundet. Ich vertraue ihrer Weisheit noch immer und merke, dass es seit dem Moment nicht nur eine Erkenntnis, sondern auch ein Ziel wurde.

Nun, mehrere stressige Jahre später und schon längst aus der Schule raus, habe ich regelrechte weiße Strähnen! Mein Haar ist noch immer lang und gewellt und wenn ich es abends wasche und mich damit schlafen lege, trocknet es horizontal und wird am nächsten Tag richtig lockig. Nun ist es aber auch noch vierfarbig! Wenn man die Rottöne in den braunen Haaren dazu nimmt, sogar fünf, aber das kommt wieder auf die Sonne an.

Meine Mähne besteht also aus 50 Prozent braunen, 25 Prozent schwarzen, 15 Prozent weißen und 10 Prozent hellblonden Haaren.

Meine ältere Schwester (mit kurzem, gefärbtem, geglättetem Bob) sagt oft, sie wolle meine Haare haben. Dann betont sie: »Andere würden für solche Haare töten!« – Ich hoffe *sie* nicht.

Es schmeichelt natürlich und hilft über manche Zweifel hinweg. Der neidische Blick bezieht sich allerdings eher auf die Dicke und die Struktur als die breiter werdende Farbpalette. Denn es ist nun – da ein Viertel meiner Haare hell ist – selbst bei flüchtigen Blicken sichtbar. Dementsprechend verändern sich auch die Reaktionen. Das Erstaunen ist nun teilweise einem Hauch Mitleid gewichen: »Aber Du hast so ein junges Gesicht!« – Ja, habe ich, danke. Schön, dass es noch da ist, weil ich auch gerade mal Anfang dreißig bin.

Die Verwirrung ist, glaube ich, eine im Kopf. Das Gehirn versucht, diese ungewohnte Kombination aus sich scheinbar widersprechenden Signalen zu kombinieren: keine Falten, aber weiße Haare.

Unsere Köpfe sowie unsere Gesellschaft werden sich erst daran gewöhnen müssen. Sich daran gewöhnen, weiße Haare über einem faltenlosen Gesicht zu sehen. Daran gewöhnen, dass jemand so aussieht und trotzdem rausgeht und sogar dabei lächelt. Daran gewöhnen, dass Veränderungen nicht weggefärbt werden.

Seltsam eigentlich, denn ich bin bei weitem keine Ausnahme!

Ich würde schätzen, dass ein Drittel bis die Hälfte aller Frauen (und Männer) in meinem Alter weiße Haare haben. Manche weniger, manche mehr. Eine Freundin ist seit fünf Jahren komplett silbern. Eine weitere auch zu 70 Prozent, nur merkt man es dank ihrer naturblonden Haare erst ab einer bestimmten physischen Nähe. Viele würden so aussehen, wenn nicht der Großteil dieses Drittels beziehungsweise dieser Hälfte färben, tönen, streichen würden – und so formt sich das seltsame Bild, es sei etwas Außergewöhnliches, mit Anfang dreißig weiße Strähnen zu haben. Ihr denkt jetzt: Ja, ist es auch! Jaha, aber woher wisst ihr das? Weil ein übermaltes Bild euch dies sagt.

Prävalenz und Inzidenz sowie die folgende Ausprägung sind durch viele Faktoren bestimmt: Gene, Stress, traumatische Erfahrungen. Dies alles formt Dein Haupthaar für Dich. Und wieder – wie beim ausbleibenden bügelbrettflachen Bauch – zweifelt man als erstes an sich selbst. Logisch, ist auch das Naheliegendste. Schon geht die Rumination wieder los: Bin ich zu seltsam geformt, gebaut, gefärbt?

Ich habe ja George Clooney gefeiert, als er auf die Frage hin, auf welche Frauen – blonde, brünette oder rothaarige – er stehe, antwortete: »Auf die Silbernen!«

Eine Schlagfertigkeit, die zum einen sicherlich geholfen hat, seine Privatsphäre zu wahren und zum anderen ein Satz mit Wahrheitsgehalt sein dürfte. Zumindest einer, der mal zum Nachdenken anregt.

Ich könnte nun jedem erzählen, dass ich aus Faulheit nicht färbe. Seitdem mir aber eine Gesprächspartnerin sehr direkt erwiderte: »Da steckt aber doch auch ein Statement dahinter«, nehme ich auch davon eine Scheibe mit und bin so selbstsicher wie möglich in salt & pepper unterwegs.

Zudem – und ich bin selbst erstaunt darüber – haben mir noch nie so viele Männer Komplimente gemacht, wie jetzt. Die männliche Wahrnehmung meiner weiblichen Vorzüge scheint exponentiell mit dem Anteil meiner weißen Haare zu steigen! Einige trauen sich sogar, es direkt, wenn auch mit verstohlenem Blick auf meine Mähne, zu sagen: »Ich mag ja Deine weißen Haare total.« Ja, zugegeben, manche sagen noch *grau*, aber das sei ihnen verziehen – ich nehme das Kompliment trotzdem an, denn da mache ich mir nichts vor: Natürlich schmeichelt es mir und stärkt mein Selbstbewusstsein.

Grau und der Blick in den Spiegel, wenn man gerade eh etwas müde ist, bewirken manchmal ein Gefühl der plötzlichen Alterung. Nicht um Jährchen sondern wieder eine Vorschau auf meine 50er und 60er. Die Vision ist in Ordnung und ich weiß, ich werde mich dann auch noch mögen. Aber jetzt will ich noch nicht so aussehen oder so wirken.

Daher tun fremde Geständnisse im nüchternen oder angetrunkenen Zustand auch der Seele und dem Ego besonders gut und ich bestätige mir dann innerlich: Ja, ich werde es durchziehen.

Mein Frieden und mein Selbstbewusstsein mit meinen Kopfhaaren überträgt sich auch auf meine Körperhaare im Allgemeinen. Die Freiheit, sich im eigenen Körper wohlzufühlen, erschafft man nur selbst – und dabei ist es irrelevant, was wo wie ist.

Auch wenn sich die Farbverhältnisse auf meinem Kopf weiter zum Hellen ändern werden: So sehr ich meine schwarzbraune Mähne liebe, so sehr versuche ich die Veränderung willkommen zu heißen. Trauer, Verzweiflung, Selbstmitleid bringen da weder meine Haare noch mich weiter.

Dann nehme ich lieber die Momente mit, in denen ich – meist ungläubigen Frauenaugen gegenüber – stolz bestätigen kann: »Ja, ich bin tatsächlich jung und ja, das Gesicht gehört zum Schopf. Ja, ich färbe tatsächlich nicht und fühle mich in der Tat schön so. Ja, meine Haare sind perfekt!«

Erika Salburg, 75 Jahre

Ungewohnter Anblick

Mit sechs Jahren sah ich meine Tante Frida zum ersten Mal nackt, wie sie in der Sommerhitze Siesta hielt. Fridas Intimbereich war kaum noch behaart. Sie war sehr alt und ich hatte sowas noch nie gesehen bei einer Frau.

Das ist aber unschön, war mein erster Gedanke.

Helena, 25 Jahre

Drücken meine Körperhaare mich aus?

Solange ich zurückdenken kann, wurde in meiner Kindheit Schambehaarung im Intimbereich von meinen weiblichen nahen Familienangehörigen eher als ein Zeichen des Erwachsenseins dargestellt.

Ich persönlich konnte das nie so wirklich verstehen. Zwar freute ich mich zu Beginn noch über die ersten Haare im Intimbereich, dachte, das würde nun bedeuten, dass ich endlich als erwachsene Frau wahr und ernst genommen werden würde.

Da ich schon als pubertierendes Mädchen immer auf ältere Männer stand, war das ein enorm wichtiger Punkt für mein zerbrechliches Selbstvertrauen in diesem Alter.

Auch mit zunehmendem Haarwuchs in anderen Regionen, wie den Achseln, stellte ich allerdings schnell fest, dass sich dadurch weder an meinem Selbstvertrauen etwas änderte, noch an der Anziehungskraft auf die Männer, die ich begehrte.

Obwohl in meiner Familie eher die Meinung vertreten wurde, dass Schamhaare weiblich machen - Sprüche wie ›Baby Pussy‹ fielen oft - zog ich relativ schnell den Schluss daraus, dass dies nicht meine Meinung über mich selbst war. Ich versuchte vermehrt darauf zu achten, womit ich mich denn wohlfühlte und womit ich mich am besten identifizieren konnte. Die Haare auf meinem Kopf und das Thema Haut hatten für mich einfach deutlich mehr Bedeutung, da ich durch meine Mutter auch früh mit dem Haarefärben anfing und die Charakterentwicklung hin zu der gefärbten, verrückten Rothaarigen ihren Lauf nahm.

Ich erinnere mich gut an eine Sportlehrerin aus meiner Kindheit, die ihre Körperbehaarung frei auslebte. Beine, Achseln, Damenbart, Intimbereich und auch Bikinizone. Besonders bei den Schwimmstunden empfand ich persönlich diese Behaarung als das Gegenteil von weiblich und zart. Dass andere Schüler das ähnlich empfanden, war mir dabei herzlich egal. Es spielt bis heute für mich keine Rolle, was andere tun oder meinen.

Schon lange lebe ich nach meinem obersten Wert ›Authentizität‹, der für mich bedeutet, genau die zu sein, die ich sein möchte, mit den körperlichen und charakterlichen Eigenschaften, die mir an mir selbst gefallen und die mich am besten ausdrücken.

Ich denke, letzten Endes geht es in allem immer um Selbstausdruck.

Glatte Haut bedeutet für mich, im Gegensatz zu meiner starken Persönlichkeit mit zeitweise eher männlichen Charakterzügen, meine weibliche, weiche Seite ausdrücken zu können und die starke Frau mit der weichen Seite zu verbinden. Vielleicht mag das an dem Bild liegen, dass Körperbehaarung generell eher als etwas männliches wahrgenommen wird, das weiß ich nicht, es verändert jedenfalls bis heute nichts an meinem Empfinden dazu.

Ich verbinde meine Behaarung nicht mit mir selbst, daher verzichte ich gerne darauf, all den Nachteilen von Rasieren oder noch anfallenden Kosten einer dauerhaften Haarentfernung zum Trotz.

Chris, 51 Jahre

Wie wir sind

Das erste Mal, dass ich bewusst bemerkte, ich habe Haare an der Brust, war, als ich mein Kind stillte. Ich war amüsiert und wunderte mich, dass die Haare meinem Baby nicht in der Nase kitzelten.

Das zweite Mal, dass ich über meine Brusthaare nachdachte, war bei einer Krebsvorsorge, ich war also über 30 Jahre alt. Die Ärztin sagte, ich hätte zu viele Haare auf der Brust und schlug vor, sie wegzulasern. Sie murmelte irgendetwas von zu viel Testosteron, was aber nicht überprüft wurde.

– Ich war baff ...

Dazu muss ich sagen, ich war nicht behaart wie ein Affe, sondern wahrscheinlich mit ca. 36 Haaren pro Brust beglückt.

Vor der nächsten Vorsorge riss ich mir die Haare aus und meine Ärztin meinte, da hat sich ja etwas wunderbar geregelt, wahrscheinlich der Testosteronspiegel ...

... Ich fühlte, irgendetwas stimmt nicht ...

Mit Ende 30 hatte ich eine neue Beziehung und ich erinnere mich, dass ich vor unserer ersten Nacht auch meine Brusthaare ausgerissen hatte. Sehr krass! Vor allem, weil ich selbst total auf Körperhaare stehe. Scheinbar war dieses Frauenbild »nur ohne Brusthaare ist eine Frau begehrenswert« nun doch zu mir durchgerutscht.

Zum Glück war schnell klar, dass mein Freund Haare auch schön fand.

Er war sehr experimentierfreudig was Haare anbelangt, hatte sich auch an vielen Stellen rasiert, einfach so aus Spaß und um zu gucken, wie es aussieht. Es sei nachwachsender Rohstoff, meint er heute noch, und da können wir doch viel ausprobieren.

Bisher hatte ich Intimrasur total abgelehnt, als Feministin geht das gar nicht, ich will doch keine Mädchenvulva!

Nun fing ich an, mich zu rasieren, mir quasi Frisuren im Intimbereich zu schneiden. Das machte mir Spaß, ich benutzte meist einen Kurzhaarrasierer, weil bei »ganz glatt« Pickel entstanden. Ich fand es wunderbar, dass ich endlich meine Vulva in voller Schönheit sehen konnte, ohne dass sie vor Haaren verborgen blieb. Das gefiel mir.

In der Zeit hatte ich ein sehr schönes Erlebnis: Während des Liebesaktes, wir waren beide rasiert, schaute ich auf unsere Genitalien, unsere Schwellkörper waren prall gefüllt und während der Penetration konnte ich nicht erkennen, wo der Penis reingeht und wo er fest gewachsen ist, so ähnlich sahen wir uns im Intimbereich.

Das war eine große Befreiung für mich! Bin ich doch aufgewachsen mit der Vorstellung Männer haben unten rum etwas Größeres und Frauen eher nix ... »der kleine Unterschied« eben ...

Das habe ich sowieso nie verstanden, denn wenn ein Schaft irgendwo rein passt, muss das Gefäß auf jeden Fall größer sein als das, was reingeht. Oder?

Fazit: Das weibliche Geschlechtsorgan muss größer sein als das männliche.

Das nur am Rande.

Aufgewachsen bin ich von Anfang an mit den Idealen der Frauenbewegung und habe sie auch verinnerlicht. Ich bin nicht auf die Idee gekommen, Haare an den Beinen seien unästhetisch oder unzivilisiert.

Lange habe ich den Druck, den Frauen empfinden, sich rasieren zu müssen, nicht verstanden.

Wofür haben denn unsere Mütter und Großmütter in der Frauenbewegung gekämpft?

Doch für ein selbstbestimmtes Leben, ohne sich dem herrschenden Schönheitsbild zu unterwerfen!

Für ein Leben z.B. auch ohne BH, für das Recht abzutreiben (in Deutschland immer noch verboten), für die Strafbarkeit von Vergewaltigung in der Ehe (seit 1997 strafbar), um nur weniges zu nennen.

Langsam erkenne ich jetzt, dass der Druck der Medien, die Profitgier der Rasier- und Schönheitsindustrie so groß ist, dass wir ihre Macht unterschätzen.

Das muss nicht so bleiben!

Deswegen bin ich extrem froh, dass es wieder Frauen gibt, die aufstehen und sagen:

Nein, mit mir nicht!

Die den Mut haben, öffentlich zu sagen:

Wir sind schön, so wie wir sind!
Wir sind haarig oder nicht!
Unsere Körperform ist vielfältig!
Unsere Haut hat zahlreiche Farben!
Wir sind cis, trans, inter oder nicht binär und gehen ins Bett mit wem/welcher wir wollen!
Unser Herz ist vielleicht verletzt und blutet, hat Risse,
doch durch diese Risse strahlt Licht[1]
und wir können Mut fassen, unser ganz besonderes Leben zu führen!

[1] *There is a crack, a crack in everything*
That's how the light gets in
– Leonard Cohen

Dario Rens, 27 Jahre

Natürlich

Von Kleinauf lernen wir, dass Körperhaare an ein spezifisches Geschlecht gebunden sind und möglichst nicht gezeigt werden sollen. Diese Idee aufzugeben, braucht Zeit …
Und warum nicht etwas zeigen, das ganz natürlich ist?

Übersetzt aus dem Englischen

RAISE
GIRLS & BOYS
THE SAME
WAY

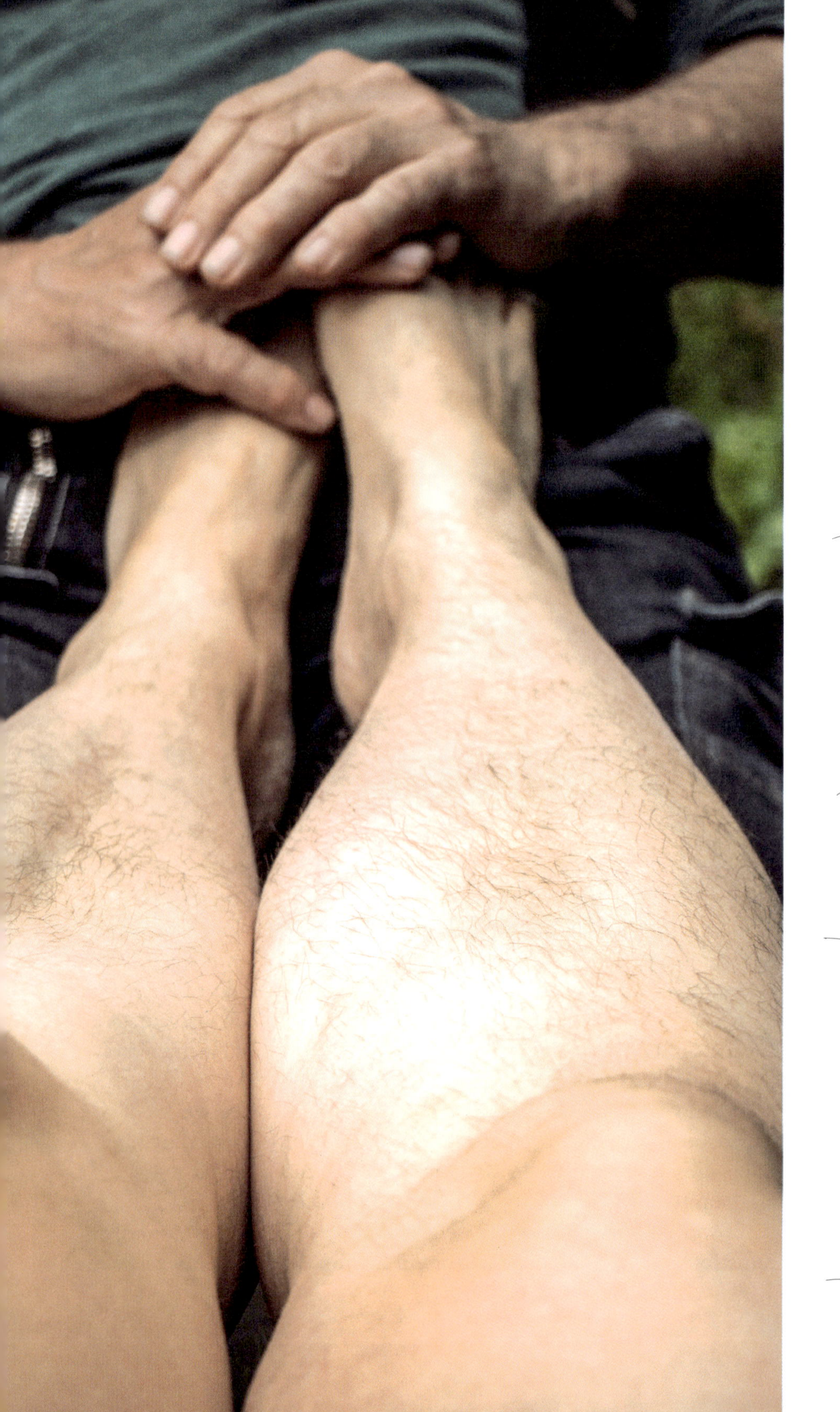

Alex W., 34 Jahre

Weil wir Männer es besser finden

Vor Kurzem wurde mir die Frage gestellt: Was ist deine Meinung zu weiblicher Körperbehaarung? Spontan hatte ich darauf keine Antwort. Erst diese Frage hat mich überhaupt dazu angeregt, mal richtig darüber nachzudenken.

Ich kann mich noch ganz gut daran erinnern, wann weibliche Körperbehaarung zum ersten Mal überhaupt ein Thema für mich war. Die Bibliothek an unserem Gymnasium war ziemlich gut bestückt mit Büchern zu allen möglichen Themen, aber es gab einen Bereich, der auf den ersten Blick völlig unscheinbar war, allerdings ein Potenzial in sich barg, von dem nur wenige Auserwählte wussten, und die behielten das Wissen für sich. Da, ganz weit hinten, in der letzten Reihe, hinter all den historischen, biologischen und soziologischen Wälzern (wir hatten sogar ein Buch über Satanismus) standen sie – die sagenumwobenen Fotobildbände. Klingt natürlich erst mal nach nichts, aber es gab da eben einen kleinen Abschnitt, der der Aktfotografie gewidmet war – es waren nicht mehr als drei bis vier Bücher, aber das war genug. Tatsächlich war es so, dass wenn man unter einem bestimmten Alter war und sich von der Bibliothekarin dort hinten beim Durchblättern erwischen ließ, sie einen auch schon mal lautstark aus der Bibliothek rausschmeißen konnte – was mir und meinem besten Kumpel auch passiert ist, als wir uns eines Tages trauten und uns in diesen verbotenen Bereich vorwagten. Viel Zeit sollten wir nicht haben, bevor uns der Zorn der Bibliothekarin ereilte, aber genug für mich, um ein Bild zu sehen, das sich in mein Gedächtnis für immer einbrannte.

Es war ein geschmackvolles, sehr einfach gestaltetes schwarzweißes Kunstfoto: eine weiße Wand, davor ein Kamin. An den Kamin gelehnt steht eine Frau. Sie ist völlig nackt. Und hat unterhalb ihres Kopfes kein einziges Haar an ihrem Körper.

Machen wir uns nichts vor – wir waren zwölf und dreizehn Jahre alt, die Pubertät hatte gerade so richtig eingeschlagen, es war eine Zeit, in der es keine Seltenheit war, noch keinen Internetanschluss zu Hause zu haben, und wir haben da – natürlich ohne es einander einzugestehen – nach Wichsvorlagen gesucht. Aber sogar unter diesem Aspekt kam mir das Bild irgendwie falsch und fast schon ... verstörend vor. Es war nicht das erste Mal, dass ich eine nackte Frau sah – von zufällig beim Umziehen erwischten Verwandten bis Softcorefilmchen im Nachtprogramm hatte ich schon die Gelegenheit gehabt, einen Blick auf den erwachsenen weiblichen Schambereich zu erwischen – aber das »Wichtigste«, die Körperteile selbst, waren immer unter dichter Behaarung verborgen. Der Anblick des rasierten Schambereichs auf dem Foto hatte nicht nur nicht die erhoffte Erregung herbeigeführt, sondern sogar eher das Gegenteil. Ich weiß noch, wie ich meinen Kumpel entrüstet fragte: »Warum macht man so was?« Da war dieses unangenehme Gefühl, eine nackte Minderjährige, nicht eine erwachsene Frau, vor mir zu haben. Körperbehaarung steht bekanntlich für körperliche Reife, aber sogar für mich selbst war es ein kleiner Schock, zu begreifen, wie völlig unzertrennlich diese beiden Begriffe für mich waren. Es sah ... künstlich aus. Unnatürlich.

Das war auch der Moment, in dem mir überhaupt bewusst wurde, dass es diese Option gibt, Körperbehaarung zu manipulieren, zu entfernen, sie loszuwerden, als ob sie ein störender Fremdkörper wäre. Aber dann: Na klar, so neu ist es ja nicht. Ich als Mann muss mich ja nicht allzu sehr darum kümmern, aber Frauen rasieren ja auch immer ihre Beine.

Aber ist das so klar? Oder besser: Warum ist das so klar?

Ich selbst gehe mit meinen eigenen Körper- und Gesichtshaaren schon lange sehr liberal um. Am Körper habe ich mich nie rasiert, und mein Gesicht wurde schon seit Jahren nicht mehr von einer Rasierklinge berührt. Und das Schöne für mich ist – mir als Mann steht diese Möglichkeit einfach frei, ohne dass ich mir da viele Gedanken machen muss. Natürlich ist ein Vollbart wie meiner nicht jedermanns (oder jederfraus) Geschmack, aber ich mag ihn, und wenn ich mal schief angesehen werde, dann eher wegen der Nähe zu der Klischeevorstellung eines Bombenlegers denn wegen exzessiver Haarmenge per se.

Es gibt aber auch einen anderen Grund, warum ich mich nicht allzu sehr um diese Haare kümmere. Auch wenn ich nicht besonders stolz darauf bin – ich habe einfach das Gefühl, dass es Zeitverschwendung ist. Wenn ich sie abrasiere, sind sie schon nach ein paar Tagen wieder da. Und warum soll ich gegen etwas kämpfen, was die Natur ganz offensichtlich für mich vorgesehen hat? Sonst würde sie sich ja nicht mit so einer Hartnäckigkeit durchsetzen, oder? Klingt nicht nur nach Faulheit, sondern eigentlich auch logisch, sollte man meinen.

Eines Tages, als ich diese Rechtfertigung zum wiederholten Male in meinem Kopf durchgegangen bin, habe ich mich dabei erwischt, wie ich als Kontrastprogramm den weiblichen Teil der Bevölkerung tatsächlich bemitleidete – denn sie müssen sich ja alle paar Tage die Beine rasieren oder irgendwelche Wachsfoltern über sich ergehen lassen – dass man sich so einen Stress antun muss ... Und dann ist mir plötzlich der Fehler an diesem Gedankengang bewusst geworden – wie falsch und arrogant dieses Mitleid war, denn MÜSSEN müssen die Frauen eigentlich gar nichts. Viele von ihnen denken nur, dass sie es müssen. Und warum? Zu einem großen Teil, weil Menschen es, so wie ich damals, als natürlich betrachten – Frau hat keine behaarten Beine zu haben. Nach dem Warum wird praktisch nie gefragt – ich weiß, dass ich es lange nicht getan hatte.

Dabei ist es genau das Gegenteil von dem natürlichen Zustand. Es gibt einen Grund, warum sich die Körperbehaarung im Laufe der Evolution zurückentwickelt hat, aber eben nicht vollständig verschwunden ist. Und vieles davon hat tatsächlich direkt mit Sex bzw. sexueller Anziehung zu tun, u.a. das Sammeln der Pheromone und das gesteigerte Berührungswahrnehmen. Wie kann es dann sein, dass z.B. rasierte Frauenbeine in unserer Gesellschaft als ein Symbol der Attraktivität praktisch vorgeschrieben sind und so selten hinterfragt werden? Ein gesundheitlicher Aspekt spielt da praktisch keine Rolle. Wenn man anfängt, richtig darüber nachzudenken, dann erscheint es umso absurder, dass nach all den Siegen und Fortschritten der letzten hundert Jahre für Frauen in der westlichen Gesellschaft – Wahlrecht für Frauen, Abschaffung der »Hausfrauenehe«, die Pille etc. – eine elementare Freiheit, mit der eigenen Körperbehaarung das zu tun, was man will, so vielen Frauen verwehrt bleibt. Der Ausdruck ist natürlich falsch, denn es ist ja kein ausgesprochenes Verbot von Körperbehaarung, sondern eigentlich fast noch schlimmer – eine Indoktrination seit dem Kindesalter, so dass vielen die Frage nach dem Sinn und Unsinn der Sache gar nicht in den Kopf kommt. Psychologisch gesehen ist es das Ungesündeste, was man machen kann – eine völlige Ablehnung eines von Grund auf natürlichen und elementaren Aspekts der eigenen Physis. Auf der anderen Seite WOLLEN natürlich viele Frauen sich dem Ritual der Haarentfernung unterziehen, vielleicht weil sie sich dann wohler fühlen – was auch völlig gerechtfertigt ist. Aber meiner bescheidenen Meinung nach sollten sie – wie auch alle anderen – sich einfach die Frage stellen, für wen sie das wirklich tun, und warum Frauen, die es nicht tun, im schlimmsten Fall wie Ausgestoßene behandelt werden. Gerade in der heutigen Zeit hat die einfachste Formulierung einer möglichen Antwort darauf einen ziemlich unangenehmen Beigeschmack: Weil wir Männer es so besser finden. Wenn das mal keine Unterdrückung ist.

Nun, ich bin hier nicht, um zu predigen, auch wenn es sich gerade so liest – denn wenn ich ehrlich bin, bin ich selbst kein bisschen besser. Der Anblick von nicht rasierten Frauenbeinen ist für mich im besten Fall gewöhnungsbedürftig und auch mit dem Aussehen von glatt rasierten Schamlippen habe ich mich in den vielen Jahren seit diesem einen Ausflug in die Schulbibliothek angefreundet (auch wenn es weiterhin nicht unbedingt meine persönliche Präferenz ist.) Um ehrlich zu sein, habe ich diesem Thema auch nie eine große Bedeutung beigemessen, weswegen mich die Frage zunächst recht ratlos dastehen ließ.

Auf der anderen Seite habe ich aber auch tatsächlich Erfahrungen damit gemacht, was für Auswirkungen die Nicht-Akzeptanz bestimmter Körperbehaarung auf eine Frau haben kann. Vor vielen Jahren kannte ich eine Frau, die einen Oberlippenbartwuchs hatte. Mir war es nicht von Anfang an bewusst, denn sie hat sich größte Mühe gegeben, dagegen anzukämpfen – spätestens dann aber, als sie aus Trotz den Bart einfach wachsen ließ (was sehr schnell ging). Das hat sie immer wieder mal gemacht und ich weiß, dass das ihr Ausdruck von Wut war – auf die Menschen, die sie so nicht akzeptierten, aber auch auf sich selbst, oder vielmehr auf ihren Körper, der ihr diese Belastung aufgebürdet hatte, gegen die sie langfristig nichts tun konnte. Ihr Konflikt zwischen dem, was sie war, und dem, was von einer Frau in unserer Gesellschaft erwartet wird, war einfach zu groß, und sie konnte sich nie für eine Seite entscheiden. Man muss kein studierter Psychologe sein, um zu erkennen, dass ein derartiges Verhältnis zu sich selbst alles andere als gesund ist. Und die Menschen um sie herum haben es ihr auch nicht leichter gemacht – auch ich nicht. Mich hat ihr Oberlippenbart nie gestört, er war mir nie wichtig, aber ich bereue es heute, dass ich sie nie dazu ermutigte, eine Entscheidung zu treffen – im besten Fall für sich selbst und nicht für das, was andere wollten. Denn genau darum geht es schließlich und endlich – um eine Entscheidung.

Zurück zur Frage: Was ist denn nun meine Meinung zu weiblicher Körperbehaarung?

Spielt keine Rolle. Ich habe darüber nicht zu entscheiden. Die Frage an sich ist falsch.

Was halten Frauen von weiblicher Körperbehaarung? Das ist die interessante Frage.

Stehen sie dazu oder entfernen sie sie, um nicht aufzufallen? Leben sie in einem Konflikt mit sich selbst? Haben sie auf- bzw. nachgegeben? Haben sie sich überhaupt schon richtig Gedanken darüber gemacht? Denn wenn man eine Entscheidung treffen will, muss man das tun. Wichtig ist nicht, ob eine Frau ihre Beine rasiert oder nicht, sondern warum sie es tut oder nicht tut, und für wen – für sich selbst, oder um die Erwartungen, die das heute vorherrschende Frauenidealbild an sie stellt, zu erfüllen? Dabei ist diese Fragestellung selbst eigentlich fast wichtiger als die Antwort darauf. Es geht nicht darum, eine Revolution anzuzetteln. Aber erst wenn man sich bewusst mit dem Thema auseinandersetzt und bestenfalls selbst eine Entscheidung trifft – unabhängig davon, wie diese Entscheidung ausfällt, – kann man offen damit und auch mit gegensätzlichen Meinungen umgehen. Und die Entscheidung kann für oder gegen Haarentfernung ausfallen – aber in jedem Fall ist es etwas Eigenes, nicht einfach nur Anpassung an den vorgeblichen Geschmack der Mehrheit.

Wovon ich überzeugt bin, ist, dass es gerade jetzt für uns alle an der Zeit ist, Entscheidungen zu treffen und Eigenverantwortung zu übernehmen – in allen Bereichen unseres Lebens. Selbstverständlich wird uns eine Menge von unserer Gesellschaft, unserer Umwelt, unseren Medien, diktiert, auch was das Aussehen betrifft. Aber es ist immer noch die Entscheidung jedes Einzelnen, sich etwas diktieren zu lassen und sich dem zu fügen – oder eben nicht. Man kann und darf nicht immer alles auf die Gesellschaft und die Medien schieben, was heutzutage leider nicht mehr der Trend, sondern die Mode ist.

Zum Schluss folgt, damit nicht der Eindruck entsteht, ich wolle mich davor drücken, hier doch noch eine Antwort auf die Ausgangsfrage nach meiner persönlichen Meinung zu dem Thema:

Was sich für die jeweilige Frau richtig anfühlt, ist richtig, das ist meine persönliche Meinung.

Ich weiß, klingt nach einem Ausweichmanöver, nach der »leichten« Antwort, aber tatsächlich ist es das, worauf ich die ganze Zeit hinaus will. Zu wissen, was für einen selbst richtig ist, ist ein großer Schritt in Richtung Selbstakzeptanz und allgemeine Zufriedenheit und ist unerlässlich für das psychische Gleichgewicht. Und für mich persönlich ist das bei einer Frau allemal wichtiger, als die Behaarung ihrer Achselhöhlen oder Unterschenkel.

Bregje Biebuyck, 25 Jahre

Aus dem Alltag mit Körperbehaarung

Konversation 1

Sie: Und, wie geht es dir seit der Trennung von deinem Freund? War nicht so einfach mit ihm, oder? Aber zumindest hat er dich akzeptiert. Hast du denn eigentlich keine Angst, dass sich nie wieder ein Typ in dich verlieben wird? Also, dass dich nie wieder einer ... schön findet?

Ich: Was? Warum das?

Sie: Naja ..., weil du so viel Körperbehaarung hast und sie nicht abrasierst ...

Ich: Das ist eine ziemlich komische Frage. Wenn jemand nicht mit mir zusammen sein will, weil ich Haare habe, will ich auch nicht mit ihm zusammen sein. Ganz einfach.

Sie: Ist das so einfach? Findest du sie denn selber überhaupt schön?

Ich: Ich finde sie wunderschön! Sie wachsen ganz natürlich auf meinem Körper, wie könnte ich das nicht schön finden? Findest du die Behaarung bei deinem Freund hässlich? Frauen unterliegen nun mal einem besonderen Ideal, dem wir uns angeblich zu fügen haben. Aber hat das wirklich was mit Schönheit zu tun?

Sie: Also ich persönlich finde Haare an Frauen einfach nicht schön und deswegen entscheide ich mich auch für's Rasieren.

Ich: Stell dir vor, wir würden in einer Welt leben, in der sich keine Frau mehr rasiert. Würdest du dich dann auch noch für die Rasur entscheiden?

Darauf bekomme ich meistens keine klare Antwort mehr.

Wie frei sind wir in unserer Entscheidung? Was ist mit den Frauen, die sich lieber nicht rasieren möchten, aber den Mut nicht dazu finden, solche Gespräche zu führen? Wenn du dich gegen das herrschende Schönheitsideal entscheidest, musst du scheinbar Angst haben, dass dich keiner mehr anziehend finden könnte. Das ist natürlich nicht so. Aber einfach ist es auch nicht.

Konversation 2

Während meines Urlaubs in Italien gab es einen Vorfall: Ich trug einen kurzen Rock und mir unbekannte Leute starrten bestimmt eine Viertelstunde lang in meine Richtung und machten dabei Fotos. Zunächst dachte ich, dass es irgendwo hinter mir etwas Komisches gab, worüber die Leute sich amüsierten, aber nachdem ich mehrmals hinter mich schaute und nichts Außergewöhnliches entdecken konnte, wurde mir schnell klar, dass sie über mich und meine behaarten Beine lachten. Am Abend hatte ich ein Gespräch mit meinem Vater:

Ich: So stark ich mich manchmal auch fühle, es tut weh, wieder mit der Realität konfrontiert zu werden. Damit, wie schockierend und unglaublich witzig die Leute Körperbehaarung an einer Frau finden. Ich wünschte, ich hätte in dem Moment etwas gesagt, aber ich fand den Mut nicht dazu.

Er: Also ich glaube, du hast ein bisschen überreagiert.

Ich: Überreagiert?

Er: Als du mich auf die Menschen aufmerksam gemacht hast, habe ich sie ein wenig beobachtet, aber ich konnte nicht feststellen, dass sie sich über dich lustig gemacht haben.

Ich: Hast du denn nicht gesehen, wie sie mich fotografiert haben? Glaubst du mir etwa nicht?

Er: Ich will nur sagen, dass du immer irgendwo Probleme siehst und dir manches vielleicht auch einfach nur einbildest.

Nach diesem Gespräch habe ich mich unglaublich unwohl, enttäuscht und missverstanden gefühlt. Es ist erstaunlich, dass mein Vater die offensichtliche Begaffung meines Körpers durch andere nicht als solche erkannt hat. Und warum glaubt er mir meine eigene Erfahrung nicht, nur weil er sie selbst für sich anders interpretiert? Er steckt nicht im Körper einer behaarten Frau und hat dadurch so oder so einen anderen

Blick. Oft werden Situationen, die man selbst nie erlebt hat, die dennoch oft passieren, nicht verstanden und es wird übersehen, wie wichtig es ist, diese Erfahrungen dennoch anzuerkennen. Nur weil du dir etwas nicht vorstellen kannst oder es aus einem anderen Blickwinkel siehst, heißt das nicht, dass es für eine andere Person nicht die Realität ist. Und auch, wenn du etwas selbst nicht schön findest, gilt für andere vielleicht das Gegenteil.

Meine Geschichte mit der Rasur

Eigentlich ist meine Enthaarungs-Geschichte ziemlich »random«. Bis vor zwei Jahren habe ich mich regelmäßig rasiert, weil du das »als Mädchen oder Frau nun mal so machst«. Dann habe ich es mal einen ganzen Herbst und Winter sein lassen mit dem Plan, wenn es wieder sonnig würde, auch wieder zum Rasierer zu greifen. Aber nach fünf haarigen Monaten hatte ich schon so viele Bemerkungen und komische Fragen und Blicke von Freunden bekommen, dass ich anfing, mich zu fragen, warum eigentlich? Was war denn los mit meiner Körperbehaarung? Ich fand sie schön, mein Freund fand sie schön, warum fanden alle anderen Leute sie so hässlich und ungewöhnlich? Zu dieser Zeit hatte ich angefangen meinen Master in Gender Studies zu machen, wo ich lernte, Schönheitsideale in Frage zu stellen. So bin ich dazu gekommen, mich nicht mehr zu rasieren.

Als das Wetter im Frühling schöner wurde, kam die erste Unsicherheit auf. Ich erinnere mich noch genau an das Gefühl, als ich zum ersten Mal einen Rock angezogen habe. Mein Körper war mir plötzlich sehr präsent, ich spürte eine Mischung aus Selbstbewusstsein und Unbehagen. Ich sah die Blicke der Leute, wie überrascht und verstört sie waren und fühlte mich gleichzeitig wohl und unwohl, aber vor allem unsicher. Zum Glück hat dieses Gefühl nicht lange angehalten. Sobald ich wieder zu Hause war, realisierte ich, wie unglaublich es eigentlich ist, dass Frauen sich unwohl fühlen müssen, nur weil sie Körperbehaarung haben, dass sich eine Frau nur aufgrund ihrer Bein- und Achselbehaarung unsicher auf der Straße bewegt. Diese Erfahrung und Erkenntnis hat einiges umgeworfen. Seitdem fühle ich mich gestärkt und selbstsicher, gerade weil es mich so viel Mut und Mühe gekostet hat, meine Behaarung zu zeigen. Mittlerweile fühle ich mich genau wegen meiner Körperbehaarung wohl und attraktiv. Obwohl ich manchmal immer noch konfrontiert werde mit unangenehmen Blicken, Kommentaren und Fragen, kritisiere ich mich nicht mehr selber, sondern die Gesellschaft und die Schönheitsideale und versuche immer, mit Leuten darüber zu reden. Und im Laufe der Zeit habe ich schon viele nette und hoffnungsvolle Kommentare bekommen ...

Quinn, 21 Jahre

Thaargebuch

»Du hast aber haarige Arme« stellte meine Banknachbarin in der Grundschule eines Tages fest, als sie meine Unterarme betrachtete. Ich schwieg verunsichert. Ich hatte meine Haare eigentlich immer ganz gerne gemocht, ich fand sie kämpferisch, und dass es besonders viele waren, war mir auch noch nicht aufgefallen. Selbst wenn, ändern könnte ich es ja doch nicht. Ich nahm den Kommentar an, scheinbar unberührt, doch in mir hatte sich etwas verändert. Ich sollte meine erste Lektion über die akzeptierte Menge der Unterarmbehaarung kleiner Mädchen nie wieder vergessen …

Meine erste bewusste Begegnung mit der Rasur von Körperhaaren hatte ich mit etwa neun Jahren, als ich einen Zeitungsartikel entdeckte, in dem es darum ging, wie viele dreizehn- bis achtzehnjährige Mädchen sich die Schamhaare rasieren. Er muss einen bleibenden Eindruck hinterlassen haben, noch heute erinnere ich mich genau an das große Schwarzweißfoto einer glattrasierten Vulva, das mich neugierig machte, und wie ich mit meiner Freundin auf dem Boden lag und gleichermaßen fasziniert und beschämt den Text verschlang. Wieso genau mein neunjähriges Ich dort herauslas, dass Schamhaare zu rasieren etwas Negatives sei, kann ich nicht erklären. Sicher ist nur, dass mich dieser Artikel nachhaltig geprägt hat.

Etwa fünf Jahre später schrieb ich unter Tränen meinen ersten, mehrere Seiten umfassenden Tagebucheintrag übers Rasieren.

Ich bin verzweifelt. Vor drei Tagen meinte meine beste Freundin, es wäre vielleicht eine gute Idee, wenn ich mir auch die Beine rasieren würde und jedes Mal wenn ich jetzt daran denke, macht es mich völlig fertig. Was soll ich bloß tun? Einerseits möchte ich so schnell wie möglich eine Lösung finden, andererseits will ich das Thema einfach vergessen. Soll ich mich rasieren oder nicht? Und wenn ja, wie sage ich das meiner Mutter? Wer würde es mir ›beibringen‹?

Irgendwie dachte ich immer, dass sich nur Frauen, die nur auf ihr Äußeres bedacht sind, die Bein- und Schamhaare rasieren. Ich hatte das Gefühl, mensch müsse sich dafür schämen, es sei oberflächlich, und damit peinlich und schlimm.

Inzwischen bin ich davon nicht mehr ganz so überzeugt, aber innerlich sträube ich mich trotzdem noch ziemlich dagegen. Und ich habe Angst davor, wie ich es meiner Mutter sagen soll. Sie rasiert sich selbst nicht und spricht auch nicht mit mir darüber, deshalb kenne ich ihre Meinung zum Rasieren überhaupt nicht. Was, wenn sie dann schlecht über mich denkt?

Noch wenige Tage zuvor verschwendete ich kaum einen Gedanken an meine Körperhaare. Der erwähnte Kommentar meiner besten Freundin katapultierte mich aus dieser glücklichen Unwissenheit in eine neue Realität – eine, in der Mädchen glatte Beine hatten. Ich fing an, auf die Beine meiner Schulkameradinnen zu achten, und bildete mir ein, sie täten das Gleiche. Beinhaare waren nun ein Zeichen mangelnder Körperhygiene und wer sich nicht rasierte, wurde zwangsläufig ausgeschlossen oder über die wurde heimlich gelästert. Heute bin ich mir sicher, dass diese Panik übertrieben war. Ganz unbegründet war sie aber wahrscheinlich auch nicht. Jugendliche verurteilen schnell.

In den darauffolgenden zwei Wochen – alles nachlesbar in emotionalen Tagebucheinträgen – rang ich sehr mit mir und meinen Haaren. Ich lieh mir heimlich den Rasierer meines Vaters und stellte fest, dass die Haut ›*wirklich wunderschön glatt*‹ wird, dass allerdings sehr schnell unangehm kratzige Haarspitzen nachwachsen. Ich überlegte mir Begründungen für meine Mutter, wieso ich mich rasieren sollte (›*Schamhaare stören bestimmt voll, wenn ich meine Tage bekomme*‹). Und ich analysierte weiter die Beine jeder weiblichen Person in meiner Umgebung.

Zwei Wochen nach dem ersten Eintrag sprach ich mit meiner Mutter:

Ich habe Mama gerade nach viel Zögern gefragt, ob ich mir die Beine rasieren kann und es war so peinlich! Ihre Antwort war, dass ich mir einen Rasierer kaufen kann, wenn ich will, aber dass die Haare danach dann immer länger werden, also könnte ich nie wieder aufhören. Das macht mir etwas Angst, aber jetzt einen Rückzieher zu machen wäre auch doof. Ich weiß schon, warum ich mit ihr nicht über so etwas sprechen mag ... aber ich musste es machen, für

> *mich, weil ich das langsam wirklich unangenehm finde und denke, dass alle meine Beine anstarren.*

Dieses Gespräch verunsicherte mich noch mehr, und ich schämte mich ein bisschen, das Thema angesprochen zu haben.

> *Ich bin sehr unentschlossen im Moment. Soll ich mich rasieren oder nicht? Meine Meinung ändert sich dreimal am Tag und dazwischen bin ich ganz verwirrt. Ich habe im Badezimmerschrank ein paar alte Rasierer gefunden und mir die Achselhaare rasiert (obwohl ich bis jetzt eigentlich zum Glück kaum welche habe). Über die Beine bin ich nur vorsichtig gegangen, sodass es nur nach weniger Haaren aussieht. (Das ist ja schon peinlich, das aufzuschreiben!). Ich habe im Internet übrigens nachgeguckt, dass die Haare dann immer länger wachsen scheint nicht zu stimmen.*

Schließlich entschloss ich mich doch dazu, mir die Beine zu rasieren, und kaufte mir eine Packung Einwegrasierer, wie ich sie bei meiner besten Freundin gesehen hatte. Ich rasierte mich unter der Dusche, versteckte die Rasierer aber danach immer sorgfältig in meinem Zimmer, sodass sie ja niemand sehen würde. Ich hatte mich dem sozialen Druck gebeugt, aber wohl fühlte ich mich noch immer nicht.

Körperhaare waren peinlich, aber sich zu rasieren war nicht weniger peinlich. Komischerweise schienen das die Anderen nicht so zu empfinden. Ständig sprachen sie auf die ein oder andere Weise übers Beinerasieren. Jedes Mal saß ich daneben und fühlte mich unwohl, versuchte, mich anzupassen und ihr Verhalten zu imitieren.

Als der Sommer vorbei war, wurde es besser. Sportunterricht und Übernachtungen waren berechenbare Faktoren. Und im nächsten Jahr konnte ich dann schon viel souveräner damit umgehen. Vor meiner Familie war es mir zwar immer noch unangenehm, aber in meinem Freund:innenkreis konnte ich dazu stehen, dass ich mich rasierte.

Nervig war es trotzdem. Der Aufwand! Das Kratzen der Stoppeln! Diese blöden pinken Einwegrasierer, die viel zu schlecht funktionierten! Aber es bedeutete zumindest eine Möglichkeit weniger, der Weirdo zu sein … und Beinhaare waren ja auch wirklich nicht ästhetisch!

Meine Achselhaare rasierte ich, sobald sie sichtbar wurden. Erst nach dem Abitur, im Ausland, ließ ich sie das erste Mal auswachsen und stellte fest, dass es viel weniger waren, als ich gedacht hatte. Im darauffolgenden Sommer rasierte ich mich zwar wieder, verspürte aber nicht mehr den gleichen Druck wie zu Schulzeiten.

Als ich Ende desselben Jahres auszog, kam ein einzelner pinker Einwegrasierer mit. Das ist jetzt über zwei Jahre her und er liegt noch immer unbenutzt im Schrank. Das erste Mal, dass ich ein Tanktop in der Uni trug, versuchte ich noch, meine Achseln zu verstecken. Die schöne Wahrheit ist aber, dass es niemanden interessiert.

Einige Jahre lang bekam ich das Gefühl vermittelt, um als Mädchen dazuzugehören, müsste ich mir mindestens die Achseln und Beine rasieren. Heute weiß ich, dass noch sehr viel mehr problematisch daran war als eine beschissene gesellschaftliche Erwartung über Körperhaare. Ich bin halt auch gar keine Frau.

Es ist vielleicht traurig, aber als ungewollt meist weiblich gelesene Person kommt mir diese Konvention, die mein Teenager:innen-Ich so zum Verzweifeln gebracht hat, jetzt tatsächlich zugute. Denn auch wenn es in meiner linksgrünen Studierendenblase niemanden kümmert, Frauen und glatte, haarlose Haut sind in der Mehrheitsgesellschaft noch immer verknüpft. Die Entscheidung für Körperhaare funktioniert für mich persönlich deshalb auch als ein bewusstes Abwenden von stereotypischer Weiblichkeit und somit als Bestätigung meiner nicht-binären Identität.

DE RIEN
RIEN

Phan, 32 Jahre

Schablonenlose Schönheit

Als ich zur Reimplantation meiner Schädeldecke zurück in der Unfallklinik in Berlin gewesen bin, kamen zwei Krankenschwestern zu mir und sagten, dass morgen meine Beine rasiert werden würden … Sie stellten gar nicht in Frage, ob ich das schön fände oder nicht – sie gingen davon aus.

Ich konnte noch nicht wieder sprechen, doch zum Glück habe ich Freund_innen kommunizieren können, was die mit mir machen wollten! Das nenne ich Gewalt, verursacht von Schönheitsidealen!

Zum Glück konnten meine Freund_innen es abwenden und ich wurde nicht Opfer.

Später in einer Reha sollte ich ins MRT und der Pfleger, der mir bei dem Transfer vom Rolli auf die Liege helfen sollte, fragte mich so, als kenne er es nicht anders: »Sind die Haare an Ihren Beinen erst nach Ihrem Unfall gewachsen?« Häh? Gerne hätte ich seine Hilfe abgelehnt, aber es ging um meine Gesundheit! Ich konnte wieder etwas sprechen, also antwortete ich: »Und die Haare in Ihrem Gesicht? Ist das Absicht?«

Nach meinen Klinikaufenthalten wurde ich, beziehungsweise wurden meine Beine auf eine Art nahezu angeekelt oder gar mitleidig angesehen. Ich hörte sogar ein Tuscheln à la

»Guck mal, ich will nicht so aussehen: im Rollstuhl und dazu noch unrasierte Beine, die Arme …!«

Wieder häh?!

Unrasierte Arme?

Und ist es nicht meine eigene Entscheidung, wo ich mich rasiere?!

Ja? Nein?

Schönheitsideale ekeln mich an! Das von der Gesellschaft vorgeschriebene Bild von Schönheit ist eine Lüge, aufgezwungen vom Kapitalismus, bzw. dessen Waffe.

Sexualität und Liebe werden vielen vollkommen abgesprochen, die nicht exakt die Normen der Stereotype erfüllen. Und diejenigen, die nicht in die vorgegebenen Schablonen passen, sollen doch den Weg mit Scham, tief gebückt, durch die Schleuse der Anpassung mit Blick auf vorgeschriebene Vorbilder wählen ...

Mein Wortverständnis ist anders: Ein Vorbild ist ein frei gewähltes Bild, welches durchs Betrachten zu einer Art Vorgeschmack für ein eigenes Bild dienen kann. Bleibt die Entscheidung einer Wahl jedoch vorgeschrieben, wo bleibt dann die Freiheit, wo ist dann die Wahl? Leider bedarf es tatsächlich zu viel Mut zur intakten Selbstliebe.

Jedoch sollten wir uns allen selbst kritisch begegnen, auch, wenn wir glauben, wir lehnten all die vorgegebenen Stereotype ab. Die eigene Resilienz kann durch externen Einfluss mit manipulativer Absicht zwar angekratzt sein – doch wird ihr vollkommener Verlust durch Selbstreflexion vermieden.

Also Resilienz ist eine Gabe, die zu erfahren, zu erlernen nicht jede_r das Privileg hat.

Nehmt euch für euch selbst und füreinander Zeit!

Angekratzt werden ist nicht das Ende, es kann allen widerfahren. Auch wer dem gängigen Rollenbild der eigenen Community nicht entspricht, wählt mit dem Gedanken, lieber so sein zu wollen wie XY, automatisch den Weg in Richtung Schleuse der Anpassung. Doch:

Lasst uns einander,
sowie alles
in schablonenloser Schönheit
lieben,
uns nicht schämen,
uns gegenseitig
& doch gemeinsam
den Weg zur Resilienz leuchten!

Naomi Beukes, 55 Jahre

Naturhaar

Wenn ich nach meinen Haaren gefragt werde, denke ich nicht zuerst an meine Körperhaare – vielleicht, weil ich nicht so viele davon habe. Woran ich zuerst denke, sind die Haare auf meinem Kopf und ich sehe die nachwachsenden Generationen mit Afro-Haaren in meinen Schulklassen, die nach wie vor damit zu kämpfen haben. Für sie ist dieses Gedicht.

MEINE HAARE!
»Schaue dir deine Haare an,
wie du nur aussiehst!«
Du lässt mich zweifeln an mir selbst,
mich verstecken!
WARUM!
»Mädchen, glätte deine Haare!
So kannst du nicht aus dem Haus!«
Aber das ist, wer ich bin!
DAS BIN ICH!
MISSACHTET!
Der Lehrer sagt, »Rastalocken sind hier nicht erlaubt,
so kommst du hier nicht rein!
Gehe zurück von wo du herkommst!«
ERNIEDRIGEND!
Junge Afrikanerin in einer deutschen Schule,
PRÄCHTIGER AFRO, wieso die Tränen?
Du bist nicht die Merkwürdige,
die Verrückte,
NATÜRLICH! Das bist du!

Verbrauchte Zeit, verbrauchtes Geld,
nur, um auszusehen wie das weiße Model auf dem Poster!
FUNKTIONIERT NICHT, denkst du und **VERSTECKST DICH!**
NEIN!
Deine Haare sind dein Stolz, egal, ob lockig, dick oder dünn!
Geh raus mit erhobenem Haupt!
STOLZ!
Denn du zählst!
Wie du bist!

Übersetzt aus dem Englischen

Elizabeth Hensley, 21 Jahre

Die Wette

Seit dem zarten Alter von acht Jahren bin ich gesegnet mit einer satten Fülle kräftiger Achselhaare. Weil ich das Gefühl habe, dass die Gesellschaft es für angebracht hält, lasse ich Tag für Tag eine frische Rasierklinge über die dunklen, rauen Haare fahren, die unter meinen Armen wachsen. Endlose Minuten, Stunden, Tage verbringe ich mit der Aufgabe, den gedeihenden Garten voller Haare zu beseitigen, der niemals zu verblühen scheint – ungeachtet der Methode, die ich anwende.

Vor ein paar Jahren – ich hatte es langsam satt und suchte nach einem Ausweg aus der ständigen Rasiererei – trafen eine Freundin und ich die verwegene Entscheidung, eine Wette abzuschließen. Als meine Freundin ankündigte »Die erste, die sich vor Anfang Dezember rasiert, schuldet der anderen 30 Dollar«, war ich sofort dabei. Das gab meinen Achseln die Möglichkeit, sich für einen Monat vom Rasieren zu erholen.

Die ersten paar Tage waren nicht besonders aufregend, meine zuvor frisch rasierten Achseln waren noch weit von ihrer vollen Blüte entfernt. Gegen Mitte des Monats konnte ich das dunkle Beet unter meinen Armen allerdings nicht mehr verbergen. Dies wurde zunehmend schwieriger, als ich Tank Tops für meine Cross-Country-Treffen musste.

Erstaunlicherweise realisierte ich, dass der schwierigste Teil der Aufgabe war, mich meiner Angst zu stellen. Meiner Angst demgegenüber, was andere dachten, wie sie reagieren könnten und was sie zu meinen unrasierten Achseln sagten.

Beim Umziehen in der Umkleidekabine, bei Familienfesten und gefühlt in jedem anderen Moment zeigten sich meine Achselhaare der Welt und Kommentare flogen durch die Luft:

»Oh mein Gott, iiiiihhh …«
»Warum machst du das? Das ist ja ekelhaft!«
»Du siehst aus wie ein Mann!«

Haare sind ein natürlicher Teil des weiblichen Körpers. Wir haben sie alle, was also macht uns so ängstlich, sie zu zeigen und zu akzeptieren? Warum akzeptieren wir stattdessen, dass andere den Umgang mit unseren eigenen Körpern beeinflussen? Wir sollten individuell selbst entscheiden, wie wir zu unseren Körperhaaren stehen.

Der äußere Druck durch die negativen Reaktionen ließ mich zeitweise das Handtuch schmeißen und aufgeben wollen. Andererseits wollte ich auch keine 30 Dollar verlieren oder den Stolz gegenüber meinem Körper.

Ich schaffte es durch den Monat und neben einem Dschungel an Achselhaaren gewann ich neue Perspektiven darauf, wie die Welt weibliche Körper betrachtet – und dass meine Meinung die einzige ist, die zählt, wenn es um meine Behaarung geht.

Ich rasiere, wenn ich möchte und weil ich möchte. Ich weigere mich, mich für andere zu rasieren, weil ich selbst entscheide, was Schönheit für mich bedeutet … ob mit Haaren oder ohne.

Übersetzt aus dem Englischen

Inga, 35 Jahre

Finde ich Haare schön?

Das, was ich regelmäßig für mich selber mache,
auch wenn's keine*r sieht außer mir,
das ist es, was ich auch selber wirklich schön finde.

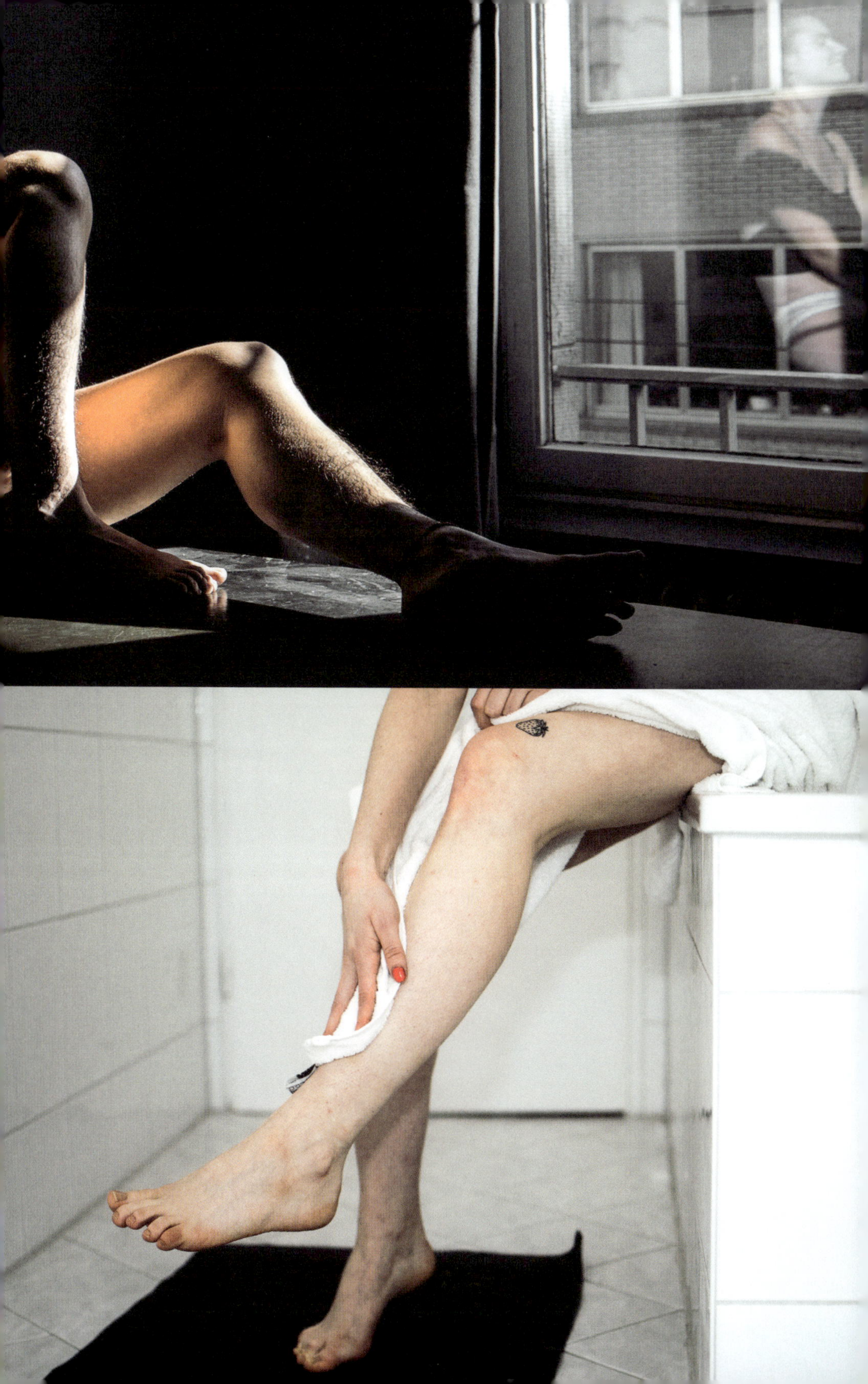

gewaxte Feministin

ungewaxte Feministin

Z.RUX '20

Marie Hemmen, 27 Jahre

Welche Haare?

I don't c(hair)!

Johanna Francesca Montanari, 32 Jahre

Laserpistole, Frauen*orte

Ich befinde mich in Amman, Jordanien, liege splitterfasernackt auf einer Liege und trage eine übergroße Sonnenbrille mit grünen Gläsern. Auch die junge Frau, die neben der Liege steht, trägt so eine Brille, dazu einen weißen Arztkittel. Ihre langen braunen Haare hat sie zu einem Pferdeschwanz zusammengebunden. Sie zeichnet weiße Linien auf meine Beine und schmiert abschnittweise Gel auf meine Haut. Dann geht es los. Sie nimmt eine Art weiße Plastikpistole, die mit einem rollbaren Gerät verbunden ist und fährt mit der Pistole langsam über meine Haut. Dabei piepst es laut, wie wenn sich jemand im Auto nicht angeschnallt hat. Teilweise tut das echt weh, ich beiße die Zähne zusammen. Warum bin ich hier?

Die Frau schießt mir Laser in die Haarfollikel. Mit dieser Methode werden Haarwurzeln verödet, die Haare werden so dauerhaft entfernt. Angeblich zumindest. Eine Freundin von mir, sie ist auch Deutsche und lebt schon länger in Jordanien als ich, hat davon geschwärmt. Sich die Haare weglasern zu lassen, sei hier viel günstiger als in Deutschland und die vom Kosmetikstudio seien sehr nett.

Meine Haare endgültig los sein oder zumindest insgesamt weniger Haare haben? Ja, ich will!

Seitdem ich fünfzehn bin, ist Haarentfernung ein leidiges Thema für mich. Ich habe helle Haut und viele dicke dunkle Haare. Menschen, die dünne blonde Haare haben, und mir dann erzählen, dass es feministisch sei, auf Haarentfernung zu verzichten, kann ich nicht ernst nehmen. Ich sehe einfach viel beknackter aus mit langen Bein- oder Achselhaaren als sie, wirklich!

Viele Jahre rasierte ich mich oder benutzte Enthaarungscreme. Als ich vor drei Jahren, das war noch in Deutschland, das erste Mal zum

Waxing ging, war das eine Offenbarung auf verschiedenen Ebenen. Beim Waxing darfst du dich nämlich nicht zwischendurch rasieren. Ich ging also alle zwei Monate zum Waxing und dazwischen hatte ich die Erlaubnis ganz und gar haarig zu sein. Ich liebte es! Und ich liebte auch, keine Stoppeln zu haben und nur entweder ganz weich oder eben haarig zu sein, aber nie, nie kratzig!

Mir die Schamhaare waxen zu lassen, war jedes Mal eine Grenzerfahrung. Das erste Mal waren die Schmerzen so stark, dass ich anfing zu lachen. Ich wusste einfach nicht, wie ich sonst reagieren sollte. Und direkt danach konnte ich erst mal nicht Fahrrad fahren.

Ich liebte beim Waxing auch noch etwas anderes als die Erlaubnis, mich nur alle zwei Monate um meine Körperbehaarung zu kümmern: Waxing gab mir das Gefühl, dass meine Genitalien mitsamt Haaren, mein ganzes haariges Selbst, irgendwie okay, ganz normal sind. Wer hatte schon meine Genitalien in einem nicht sexuellen Kontext angefasst und für völlig normal befunden, abgesehen von Gynäkolog*innen? Seit meiner Kindheit doch niemand mehr, also im haarigen Zustand doch niemand mehr?

Das Waxing-Studio erschien mir als ein eingeschworener Ort voller Frauen*wissen, verbunden über das gemeinsame Ziel: Die Haare müssen weg! Ich fand es großartig, dass es Expertinnen dafür gibt, Haare zu entfernen. »Wir machen dich mal sauber«, sagten die Mitarbeiterinnen beim Waxing immer. Ich liebte, dass sie einen eigenen Ehrgeiz entwickelten, wirklich alle Haare zu erwischen. Zum Waxing zu gehen, gab mir Selbstbewusstsein. Mein Portmonee litt, aber das nahm ich in Kauf.

Jetzt habe ich mich entschieden, noch härtere Waffen aufzufahren. Beim Lasern braucht man einige Sitzungen, bis wirklich alle Haare weg sind und auch nicht mehr nachwachsen. Vielleicht mache ich nach dieser Sitzung noch zwei, drei, oder vier?

Piep, piep, piep, piep, piep, macht die Laserpistole, und fügt mir weiter Schmerzen zu. Ich schaue aus meinen grünen Sonnenbrillengläsern auf meinen nackten Körper runter. In einem fremden Land zum Lasern zu gehen, verstärkt für mich das Gefühl des Ausgeliefertseins. Mein Arabisch ist nicht besonders gut und ich weiß nicht, wie die kulturellen Codes hier so sind. Ich habe auf der Liege vor allem Angst, dass ich mich nicht gründlich genug rasiert habe oder die Haare so schnell wieder nachgewachsen sind, dass das Lasern nicht funktioniert. Alles okay, alles gut. Die Frau, die mich lasert, beruhigt mich, indem sie mit mir über jordanische Sehenswürdigkeiten redet. »Did you visit Petra?«

Ungefähr anderthalb Stunden später verlasse ich das Kosmetikstudio. Ich habe diese obskure Sci-Fi-mäßige Art der Haarentfernung auf mich genommen. Ich habe Schmerzen ausgehalten, mich getraut. Mir ist etwas schwindelig vor Aufregung, aber ich bin stolz.

Greta, 29 Jahre

Vier Tage lang rasieren

Ich sitze im Café und lasse mir die Sonne auf die behaarten Beine scheinen. Am Nebentisch höre ich ein Gespräch mit.

»Meine Armhaare sind eher so wie bei Papa als bei Mama. Deswegen rasiere ich die jeden Tag ab – seit 15 Jahren!«

Neben der Frau sind außer der Mama nur Männer mit am Tisch. Der Papa betrachtet erstaunt seine Arme. »Wie sind denn meine Haare ...?«

Die anderen lachen unverständlich. »Jeden Tag?« »Was da für Zeit bei flöten geht!« »Was du in der Zeit alles hättest machen können.«

»Dauert ja nur eine Minute«, verteidigt sich die Frau.

Einer der Männer überlegt. »Das sind schon 365 Minuten im Jahr!«

»Das sind sechs Stunden!«

»In 15 Jahren sind das ... 90 Stunden!«

»Das heißt, dir sind schon vier Tage verloren gegangen ...«

»Was du da alles hättest machen können!«

Betröppelt schaut die Frau in die Runde. Darauf fällt ihr nichts ein. Die Mutter sagt nichts. Ihr Freund tätschelt ihr nur mitleidig die Hand.

Vier Tage lang rasieren. Und in der Zeit sind gerade mal die Armhaare weg. Ich rücke meine Beine noch ein Stück näher in die Sonne.

Elvira Henke, 50 Jahre

Der Oma zum Gedenken

Nun hab ich schon den dritten Schokoriegel intus und denke immer noch scharf nach, was ich zu weiblicher Körperbehaarung bloß schreiben könnte …

Wenn es jetzt zu etlichen anderen gesellschaftsfeindlichen Körperthemen gewesen wäre – kein Problem: Pubertätspickel, deoresistente Schweißbildung, Fettpölsterchen an den unerwünschtesten Stellen, Silberblick nebst Glasbaustein-Kassengestell in kackbraunem Horn, unaussprechliche Hämorrhoiden, Fußpilz, Madenwurmbefall auf Klassenfahrt, peinliche Plattbrüstigkeit, Herpesattacken, völlig entgleiste Dauerwellen, Bräunungssprayunfälle … Die Liste wäre ordentlich lang und zu allem könnte ich ohne Mühe eine Rückblende schreiben, mit etlichen großen und kleinen Katastrophen gespickt.

Aber Körperbehaarung? Darüber hab ich nie nachgedacht und zu meiner »Ich-muss-meinen-Platz-in-dieser-Welt-finden-Zeit« war es auch kein Thema. Jedenfalls nicht in unserem Dunstkreis.

Ich bin Jahrgang 1969. Das bedeutet: Meine ›wilde‹ Zeit waren die 80er.

Über Bikinizonen habe ich mir nie den Kopf zerbrechen müssen, da ich keinen Bikini hatte. Dafür einen geerbten Badeanzug, dessen Schnitt im unteren Drittel einer keuschen Turnhose ähnelte und der am Hintern durch Chlor und Abnutzung so dünn war, dass man sich um was ganz anderes Sorgen machen musste.

Außerdem war ich rötlich-blond. Daher waren alle Bein- und Armhärchen sowieso kaum zu sehen. Wesentlich mehr hat mich die fies bleiche Hautfarbe genervt, wo ich doch auch so gerne so wunderbar urlaubsbraun gewesen wäre wie die knackigen Jungs und Mädels in den einschlägigen Sommer-Kinowerbungen.

So kam es auch zu dem erwähnten Bräunungssprayunfall anlässlich eines Schulballs, der damit endete, dass ich im Hochsommer mit blickdichter Strumpfhose erscheinen musste, da man mich sonst für ein entlaufenes Okapi gehalten hätte – aber das ist ja leider nicht Thema ...

Vielleicht rasierten sich einige Mitschülerinnen auch schon in den 80ern ihre unliebsamen Haarzonen. Ich habe jedenfalls nichts davon mitbekommen. – Wobei man allerdings sagen muss, dass auch Modern Talking, Popper-Frisuren, Allround-Turnschuhe, Fledermausärmel, Dallas und Rubik's Cube spurlos an mir vorüber gegangen sind.

Irgendwie habe ich immer zu dem Teil der Schülerschaft gehört, der ein bisschen neben der Mainstream-Spur existierte. Wir waren die Nichtraucher im Schlabberlook, die Müslifraktion, die moppelig Unsportlichen, die Töpferkurs-Teilnehmer, die WP1 Kunstkurs-Freaks, die Meerschweinchenstreichler, die Schulgartengießer. Nicht unbeliebt, aber auch keine Sternchen.

Ich glaube, selbst wenn ich eine Beinbehaarung besessen hätte, die über meine Strickwollsocken geringelt wäre – es hätte niemand wahrgenommen.

Bis heute ist mir Körperbehaarung egal – außer vielleicht dieses eine Haar an meinem Kinn.

Es wächst immer wieder an der gleichen Stelle. Schon unsere Oma hatte dort eins. ›Ziegenbart‹ hat sie es genannt. Und genau wie sie ziehe ich dieses Haar alle paar Wochen raus. ZACK mit einem Ruck. Nicht aus Schönheitswahn – nur so – der Oma zum Gedenken.

Bärbel Sajonz, 75 Jahre

Bewertet wird nur von mir selbst

Die Tränen standen in ihren Augen, Tränen der Verzweiflung, der Wut, der Ohnmacht. Es ging nicht, sie konnte nicht mitgehen – mit Freunden in die Sauna. Warum nicht? Sie fühlte sich schmutzig, hässlich, unzulänglich, aussätzig. Warum? Weil Haare sprossen: an Beinen, Armen, Achselhöhlen, im Schambereich! Und ihr Rasierapparat war kaputt. Oh Himmel, warum war sie damit so gesegnet?! Mit diesen ekligen Haaren!

Ja, es ist ein Segen, Haare zu haben. Und da schreibt die Gesellschaft vor, diese doch gefälligst abzurasieren, ja, sie s c h r e i b t es vor! Sonst bist du nicht akzeptiert, sonst bist du unzivilisiert, gehörst nicht dazu, bist hässlich und eklig. Ist das nicht ein Hohn!? Ist das nicht gesellschaftlich verordnete Verstümmelung!? Vor allem: Welch ein Joch, welches – mal wieder – Mädchen und Frauen auferlegt wird. Diese folgen der gesellschaftlichen Forderung, um dazuzugehören, was schließlich legitim ist und notwendig für das Selbstwertgefühl. Aber könnten sie nicht eigenständig entscheiden, ob sie sich nun rasieren oder nicht.

Achselhaare finde ich eklig und hässlich, ja, dann weg damit!

Ich finde sie toll, ja, dann bleiben sie dran!

Bewertet wird nur von mir selbst!

Welch eine Erleichterung, so einem blödsinnigen Zwang nicht unterliegen zu müssen! Es geht ein Aufschrei durch die Welt vor allem der Mädchen und Frauen: NEIN, wir wollen das nicht mehr! Aus und Schluss mit der Bevormundung, der Drangsalierung! Wir sind schön und liebenswert, so wie wir sind und wir wollen so bleiben!

Ich, Großmutter, Mutter, Schwester, FRAU, bin so froh, dass der Knoten dieses abstrusen Schönheitswahns geplatzt ist bzw. zumindest anfängt, sich zu entheddern.

30.4.20
Als Susie und ich unsere Brusthaare zählten.
Deine Brust sieht aus wie eine Sonne,
sagte Susie und hatte Recht.

COMIC RELIEF 2020

Corinna Egdorf, 30 Jahre

Haarspalterin
Oder: Es gibt so viele Haare, wo soll frau da bloß anfangen?

Schon als Baby hatte ich sie auf dem Kopf: weiche, feine, rötliche Härchen. Die Härchen wurden länger und heller: Es wuchs mir ein süßer, kleiner, blonder Kindskopf-Schopf, mit dem man lustige Schaumfrisuren im Bad machen konnte. Das Schlimmste an Haaren in diesem Alter war, wenn es beim Bürsten ziepte oder das Shampoo in den Augen brannte.

Mit zunehmendem Alter wurden meine Haare jedoch dicker und dunkler und ich nahm sie auch viel wichtiger. Ich begann mich in der Pubertät mehr und mehr mit meinem braunen, glatten Haar zu identifizieren und wünschte mir sehnlichst lange Locken. Ich wollte genauso eine Haarpracht besitzen wie die Frau aus der Werbung.

Als Frauen wird uns von den Medien ständig suggeriert, dass die Haare den Unterschied machen würden zwischen Glück und Unglück in der Liebe und im Arbeitsleben. Nur mit der richtigen Frisur ließe sich der richtige Mann und der richtige Beruf finden. Wir müssten dafür das kokette Spielen mit einer Haarsträhne, das Hinter-das-Ohr-Streichen des ins Gesicht fallenden Haars und das Schütteln der Haare beherrschen und am besten noch ein sexualisiertes Foto der idealisierten Bewegung des mit Schwung nach hinten geworfenen nassen Haars vorweisen können. Wenn wir unsere Frisur ändern, gilt das gleich als ein Zeichen dafür, dass eine romantische Beziehung in die Brüche gegangen ist.

Durch mein Haupthaar (Farbe, Länge, Schnitt, Typ, Zustand) versuchte ich, meine weibliche Identität auszudrücken. Eine globale Industrie vermittelte mir dabei, dass mein natürliches Haar nicht schön genug sei und verkauft mir dazu immer neue Haarprodukte: von Shampoo, Trockenshampoo, Haarschaum, Ansatzspray, Haarparfüm über Tönung, Farbe, sowie Kuren, Spülungen, Ölen bis zu Glätteisen, Lockenstab und Föhn.

Ein Blick auf das Haar – und wir glauben zu wissen, was für eine Persönlichkeit wir vor uns haben. Es gibt so viele Vorurteile wie Haare. Im europäisch-westlichen Erfahrungsraum werden Blondinen in der Popkultur als süß, sexy, künstlich, gutgläubig und unschuldig dargestellt, während die Brünetten oftmals als intrigante, böse, intelligente und gefährliche Gegenspielerinnen auftreten. Rothaarige hingegen sind meist die empfindsamen, naturnahen, hexenhaften Sonderlinge. Frauen mit Locken haben dabei einen lebenslustigen, wilden, spontanen und risikobereiten Charakter im Gegensatz zu den als langweilig porträtierten Frauen mit glatten Haaren. Frauen mit rasiertem Kopf sind den haarigen Vorurteilen zufolge entweder krank (Chemotherapie oder Alopecia) oder werden als extreme »Feminazis« diskriminiert, während Frauen mit Dreadlocks als unmoralische Drogenabhängige und/oder Dealer angesehen und für ihren Haarstil der kulturellen Aneignung bezichtigt werden.

Apropos kulturelle Aneignung: Als Kulturwissenschaftlerin weiß ich, dass der Umgang mit Haar und Haut, sowie Vorstellungen von Körperhygiene kulturell bedingt sind. Kulturen haben aber auch immer schon Praktiken voneinander übernommen, sich zu eigen gemacht und weiterentwickelt. Problematisch wird die Übernahme von speziellen Haarfrisuren immer dann, wenn eine Minderheitenkultur sich dadurch diskriminiert fühlt. Dann muss frau in den Dialog treten und sich darüber bewusst werden, was frau damit ausdrücken will. Zeige ich dadurch Solidarität oder Superiorität?

Das lange Haupthaar galt schon früh als ein Zeichen von Macht und Kraft. Es wurde von Königen getragen oder als Glückssträhne des geliebten Menschen im Medaillon aufgehoben. Haare sollen auch nach dem Tod noch die Kraft des Verstorbenen in sich tragen und wurden zum Beispiel dem Gegner als Skalp-Trophäe entrissen. Keine Haare auf dem Kopf zu haben, das Bedecken des Haupthaars, das Tragen von Perücken oder das Wachsen-Lassen des natürlichen Haars – all dies kann eine Notwendigkeit oder eine politische Entscheidung sein. Haare oder keine Haare – das kann den Unterschied zwischen Befreiung oder Unterdrückung ausmachen.

Fakt ist, Haare sind politisch. Und zwar nicht nur die Haare auf dem Kopf.

Mit der Pubertät kam für mich nicht nur der Wunsch nach einer verführerischen Haarpracht, sondern auch das Problem mit dem unerwünschten Körperhaarwuchs. Im Zeltlager wurde ich dafür gemobbt, dass ich keine Ahnung hatte, wie man sich Bein- und Achselhaare entfernt. Mir wurden mitleidige Blicke zugeworfen und benutzte Einmalrasierer »geschenkt«, mit denen ich mehrmals über die goldig schimmernden Härchen an den Schienbeinen rubbeln sollte, weil diese doch angeblich *ekelig, dreckig, widerwärtig* und *abstoßend* seien. In Jugendzeitschriften las ich, wie man sich mit Eiswürfeln die Haut betäuben könne, um die Augenbrauen zu zupfen. Ich probierte also Zupfen, Reißen, Rubbeln, Schneiden, Trimmen, Waxen und später auch Enthaarungstechniken mit Fäden und mit Zucker. Nur vom Depilieren und vom Laser habe ich (bis jetzt) die Finger gelassen. Ich bezahlte viel Geld für Geräte und Studiobesuche, sowie Cremes, Seren, Öle, Deodorants zum Beruhigen der durch die Enthaarung irritierten und strapazierten Haut. Meine empfindliche Haut reagierte mit Pusteln, Pickeln und Ausschlag und ich fühlte mich alles andere als begehrenswert damit. Ich konnte mir aber bis vor ein paar Jahren gar nicht vorstellen, dass man seine Körperhaare auch einfach wachsen lassen könnte ...

Die ideale Frau hat untenrum nicht ein einziges Härchen, aber auf dem Kopf einen langen Pferdeschwanz. Unser Schönheitsideal sexualisiert also paradoxe, präpubertäre Körper: ohne Pickel, ohne Falten, ohne Körperhaare, aber mit langem, wallendem Haupthaar.

Wollen wir Frauen für Sex wirklich so aussehen, als wären wir noch nicht geschlechtsreif? Jede kann natürlich selbst entscheiden, wie sie sich frisiert und womit sie sich wohlfühlt. Meiner Meinung nach lohnt es sich jedoch, auf den Rat von Gynäkolog*innen zu hören und sich darüber bewusst zu werden, dass die Intimbehaarung nicht unhygienisch ist, sondern die empfindlichen weiblichen Geschlechtsorgane schützt. Es gibt diese – nachweislich falsche – Vorstellung, dass die weibliche Sexualität, das Geschlecht und damit auch die Intimbehaarung *sündig* und *dreckig* seien. Das US-amerikanische Schimpfwort »douchebag« zum Beispiel bezeichnet eine Vaginaldusche und insinuiert, dass Frauen zwischen den Beinen *schmutzig* sind.

Außerdem wünsche ich mir, dass es endlich gemütliche Lingerie und Bademode aus hautfreundlichen Materialien gibt. Warum gibt es kein einziges Höschen, dass die »Bikinizone« einfach abdeckt, sodass frau sich angstfrei bewegen kann? Unterwäsche für Frauen ist meist aus eng sitzendem, reibendem Polyester, und diese Mode kann, insbesondere in Kombination mit einer Komplettenthaarung und exzessivem Waschen, bei empfindlichen Frauen allergische Reaktionen,

Hautreizungen, Hämorrhoiden, Blasenentzündungen und vaginale Infektionen begünstigen und dann kann frau den entspannten Sex auch gleich vergessen.

Das Problem ist, dass wir alle so daran gewöhnt sind, überall enthaarte Frauen zu sehen, dass wir gar nicht mehr wissen, wie ein natürlicher Haarwuchs aussieht. Dabei ist es normal, am ganzen Körper Haare und Flaum zu haben: von A wie Anus bis Z wie Zehen. Ich habe zum Beispiel einen Leberfleck, aus dem immer ein lustiges, schwarzes, dickes Haar wächst. Es wird auch »Hexenhaar« oder »Teufelshaar« genannt, ist aber absolut nicht gefährlich. Es ist schon traurig, dass frau in unserer Gesellschaft »mutig« sein muss, um sich NICHT zu enthaaren. Als ich im Sommer mit unrasierten Schienbeinen eine Freundin besuchte, konnte diese sich nicht konzentrieren, da sie unentwegt meine Beinhaare anstarren musste. Wenn wir eine Wimper verlieren, bringt sie uns beim Wegpusten angeblich Glück, aber wehe, wenn ein Haar gefunden wird, das aus der Intimbehaarung stammen könnte. Schon in meiner Grundschule wurden Kinder gemobbt, die krause Haupthaare hatten, denn diese sähen ja aus wie *ekelige* »Scham«-Haare. Überhaupt, nicht-europäische Haare (mitsamt der Haut, aus der sie wachsen) werden gebleicht, gefärbt, geglättet, aufgebrochen und ausgedünnt, um dem westlichen Ideal zu entsprechen. Eine Perückenmacherin erzählte mir, dass für die Theaterperücken aus Echthaar meist Opfergaben von indischen Frauen verwendet werden. Die Frauen erhalten keinerlei Entgelt für ihre Haare, obwohl Echthaarperücken sehr teuer sind und Teil eines großen, florierenden, internationalen Geschäfts. Die asiatischen Haare werden bis zu fünfmal gespalten und mehrmals gebleicht, bevor sie zu westlich aussehenden Perücken oder Extensions weiterverarbeitet werden. Die Schönheitsindustrie vermittelt uns mit unterschiedlicher Werbung überall auf der Welt ein unerreichbares Ideal und die Regale mit Haar- und Enthaarungsprodukten im Supermarkt werden immer länger …

Ich arbeite inzwischen als Make-up-Artistin und habe schon die haarigsten Sachen erlebt. Weibliche Models kommen regelmäßig zu mir und entschuldigen sich dafür, dass sie es nicht geschafft haben, sich die Haare zu waschen, sowie die Augenbrauen zu zupfen, die Wimpern zu formen oder den Oberlippenflaum zu entfernen. Warum fühlen sich Frauen schuldig dafür, sich NICHT zu enthaaren?

Alle Haare unterliegen gesellschaftlichen Normierungen und modischen Trends. In meiner Jugendzeit in den 90ern waren sehr dünne, aufgemalte Augenbrauen »in«, während Cara Delevingne in den 2010ern mit ihren buschigen Brauen zur Trendsetterin wurde. Viele Frauen lassen sich nun mit Microblading die Augenbrauen unter die Haut stechen. Ich freue mich immer, wenn Frauen sich wohl fühlen mit ihrem Aussehen, denn das sieht frau später auf den Fotos. Frau sollte sich jedoch ab und zu mal den Spiegel vorhalten und sich daran erinnern, dass Mode ein gesellschaftliches, veränderliches Konstrukt ist. Kein Gesicht ist komplett symmetrisch und auch keine Augenbrauen. Brillenträgerinnen kennen sicherlich das Gefühl, dass die Augenbrauen schief aussehen, mit der geraden Brille im Gesicht. Egal, ob ich mir eine Monobraue wachsen lasse oder die Augenbrauen komplett abrasiere, es sollte allein meine Entscheidung sein.

Der Bad-Hair-Day ist ebenso eine Erfindung der Schönheitsindustrie wie symmetrische Brauen. Mir ist es mit meinen glatten, feinen Haaren unangenehm, wenn sie »fettig« aussehen, ich ärgere mich über Spliss, Wirbel und abstehende Haare. Frauen mit Locken fürchten sich häufig vor Feuchtigkeit und »Frizz«. Viele Frauen hassen ihre natürlichen Haare und trauen sich ohne Perücke gar nicht unter Menschen. Aber Haare haben keinen schlechten Tag; Haare wachsen einfach oder fallen aus. Es kommt ganz darauf an, wie wir uns selbst mit unseren Haaren fühlen. Ungewaschene Haare lassen sich übrigens meist viel leichter frisieren. Zu einem Haare-Hochsteck-oder-Flecht-Termin kommt frau am besten mit nicht frisch gewaschenem Haar. Haarwuchs und Ausfall unterliegen Hormonschwankungen (ausgenommen davon sind Krankheiten) und die wiederum sind stark von Stress beeinflusst. Wir sollten uns also alle mal entspannen und laut Tim Toupets »Du hast die Haare schön« singen.

Anita Bruce, 26 Jahre

Akku leer: nackte Achseln

Tja, jetzt rasiere ich mich schon seit einer Weile nicht mehr. Früher habe ich mich täglich rasiert. Jeden einzelnen Tag war ich auf der Suche nach den feinsten Härchen. Nur glatt und nackt fand ich mich schön. So wie ich andere Menschen glatt und nackt schön fand.

Seitdem hat sich was verändert.

Ich mag meine Achselhaare irgendwie. Hat was Verruchtes. Aber ganz ausgewachsen ist mir dann doch zu viel. Ein schöner mittellanger Schnitt ist genau richtig. Und so wollte ich mir meine Achselhaare heute ein wenig trimmen. Sie waren ganz schön lang geworden. Ich nahm den billigen Rasierapparat, den ich mir gekauft hatte, und fuhr über meine Achseln. Ganz so einfach ist das nicht, so durch die Kuhle zu gleiten und jedes Haar gleichmäßig zu erwischen. Achselhaare sind doch recht störrisch. Nach einer Weile war ich mit einer Seite fertig. Na gut, richtig gleichmäßig war es nicht, ein paar Einzelkämpferinnen ragten noch in die Länge, aber das fiel nicht so auf. Ich wagte mich also an die rechte Achsel. Hin und her und kreuz und quer und irgendwann, zack, war der Akku leer. Na toll. Jetzt hatte ich eine mittellang geschorene linke Achsel mit Widerständlerinnen und eine löchrig geschorene rechte Achsel. Feministin hin oder her, das sah nicht gut aus. Dann vielleicht doch ganz ab?

Ich kramte aus den Tiefen meines Badezimmerschränkchens meinen alten Nassrasierer heraus, stellte mich unter die Dusche, seifte ein, dachte an frühere Zeiten und glitt mit dem Rasierer in alter Gewohnheit über die Haut, bis sie glatt war. Und war erschrocken.

Ich betrachtete meine kahlen Achseln, strich über die weiche Haut und zog eine Fleppe. Ganz schön nackig. Und jung. Ich hatte plötzlich das absurde Bedürfnis, meine Achseln verstecken zu wollen. Das sollte so keine*r sehen, war mir peinlich. Da hatte ich mir monatelang den Status der haarigen »Ich-scheiß-auf-Konventionen« Emanze aufgebaut – meiner eigenen Scham und meinem konventionell geprägten Schönheitsbild zum Trotz – da konnte ich mich doch mit glatten Achseln nicht unter die Leute wagen.

Ich flüsterte meinen Haarwurzeln heimlich zu »bitte wachst schnell wieder« und war erstaunt über mich selbst.

Als behaarte Feministin darf ich mich jetzt also nicht mehr für glatte Achseln entscheiden? Als hätte sich die Absurdität der Konvention einfach umgedreht.

Aber nicht nur das. Das, was ich früher als das einzig Schöne und Attraktive empfunden habe, nämlich eine haarlose Haut, fand ich plötzlich abstoßend und leer. Nicht schön. Nicht ich. Mir fehlten meine Haare. Als wäre ich bei der Friseurin gewesen und sie hätte mir den Kopf geschoren. Auch das kann schön aussehen, aber das bin momentan nicht ich. Ich bin eine haarige Frau. Jetzt. Schon immer gewesen.

In den letzten Monaten hatte ich ein neues Ich entwickelt. Ich habe mich im Spiegel angeschaut, jeden Tag, meine Arme gehoben und mit der Zeit etwas Kunstvolles daran gesehen, dass in meinen Achseln der gleiche Farbklecks war wie auf meinem Kopf. Sah irgendwie stimmig aus. Ich fing an, mich mit dem Bild zu identifizieren, das ich sah. Auch wenn es mir anfangs schwer fiel, das in der Öffentlichkeit rum zu zeigen. Das war ich nun. Ich hatte Achselhaare und ohne diese Haare fühlte ich mich plötzlich wie eine andere. Wie eine Frau aus vergangenen Zeiten, die ich nicht mehr war. Die ich vielleicht noch nie so richtig war. Aber besonders erstaunte mich, wie schnell sich mein Schönheitsempfinden geändert hat. Ich finde die Haare schön, sie sind auch weich, haben etwas Anziehendes.

Vielleicht gibt es Schönheit auch nicht, sondern nur Gewohnheit. Früher habe ich mich aus Gewohnheit rasiert. Weil ich an das Schönheitsbild der glatten Haut gewöhnt war. Und nun habe ich mich an meine Haare gewöhnt und freue mich darauf, wenn ich sie wiederhabe.

Bis dahin werde ich lernen, damit klarzukommen. glatt und nackt zu sein. Und ich werde meine Achseln gießen. Einmal täglich.

V. G., 49 Jahre

Vielfalt

Mein wohl am tiefsten sitzendes Erlebnis mit Körperhaaren ist mit meiner Oma verbunden. Ich mag etwa drei Jahre gewesen sein und meine Oma noch unter 60. Wenn meine Eltern ein wenig Zeit für sich brauchten oder am Abend etwas vorhatten, passte meine Oma auf mich auf. Ich war gerne bei ihr und meinem Opa, in einer kleinen Eineinhalbzimmerwohnung in einem Häuserblock in der Großstadt, in der wir damals lebten. Das Haus war in den 50er Jahren gebaut worden und war im Gegensatz zu älteren Häusern mit vollem Komfort eingerichtet. Es gab eine Zentralheizung, einen Aufzug und meine Großeltern hatten eine eigene Küche und eine Speisekammer, wo die von Oma eingemachten Obstkompotts und Marmeladen in Reih und Glied standen. Und: auch ein eigenes Badezimmer, mit fließend warmem Wasser, das in einem Gasboiler erhitzt wurde. Oma erzählte, wie sie 1944 aus ihrem Haus ausgebombt wurden und nach dem Krieg in verschiedenen Unterkünften wohnen mussten, ohne Heizung und Wasser, und was es für sie für ein Glück bedeutete, diese Wohnung zu bekommen.

Das Badezimmer war mit rechteckigen Kacheln in schwarz und weiß gefliest, hatte ein hohes Waschbecken und eine große Badewanne auf Füßen, beides aus emailliertem Stahl. Beide waren so hoch, dass ich nur mit einem Hocker die Hände waschen oder in die Badewanne klettern konnte. Im Winter konnte das Bad mit dem eisernen Heizkörper kuschelig warm beheizt werden und ich genoss es, in der Badewanne zu spielen, wenn ich bei Oma übernachten durfte. Zu Hause hatten wir kein Badezimmer, denn wir wohnten damals in einer alten Mietskaserne, in der es nur am Ende des Ganges Gemeinschaftsduschen und WCs gab. Ich wurde in einer Kinderwanne gebadet und das Wasser musste meine Mutter in einem großen Topf auf dem Herd erhitzen.

Es war zu Anfang der 1970er Jahre an einem Sommerabend, als ich wieder bei Oma sein durfte. Hinter dem Haus gab es einen Spielplatz mit Schaukeln und Klettergeräten, dort spielte ich gerne mit dem gleichaltrigen Sohn des Hausmeisters. Als ich entsprechend staubig am Abend wieder ins Haus kam, zog mich Oma aus und setzte mich in die Badewanne, wo schon das angenehm warme Wasser auf mich wartete. Diesmal zog sie sich auch aus, um mit mir zu baden, wahrscheinlich hat sie an diesem heißen Tag auch eine Erfrischung nötig gehabt. Ich hatte meine Oma vorher noch nie nackt, nur in der Unterwäsche gesehen, aber an diesem Tag war es etwas anderes.

Oma hatte auf dem Kopf schlohweißes welliges Haupthaar, immer gepflegt. Sie sagte immer, sie hätte ihre schwarze Haarfarbe im Krieg verloren.

Als sie sich an diesem Sommertag nackt auszog und sich zu mir in die Badewanne setzte, bemerkte ich etwas, was ich noch nie gesehen hatte. Zu Hause habe ich meine Eltern oft nackt gesehen und es für normal gehalten, dass die Körperbehaarung dunkel war. Bei Oma war es aber anders: Ihre Schamhaare waren ebenso weiß wie ihre Kopfbehaarung. Ich war über die Maßen erstaunt und fragte sie: »Oma, warum hast du unten auch weiße Haare?« Sie erklärte daraufhin, dass die Haare auf dem Kopf und die Schamhaare meistens dieselbe Farbe hatten, bei ihr eben weiß. »Ist das bei anderen auch so?«, fragte ich und sie antwortete: »Ja, sicher.«

Diese Antwort hat mich noch lange beschäftigt und immer wenn ich später nackte Menschen sah, verglich ich ihre Haare auf dem Kopf mit ihren anderen Körperhaaren. Als ich in die Pubertät kam, hörte ich, dass sich manche Menschen ihre Schamhaare auch färben würden. Färben? Also war das auch eine Möglichkeit um sich modisch auszudrücken? Interessant!

In meiner Familie war es üblich, dass wir viel schwimmen waren, im Winter in Hallenbädern, im Sommer im Freibad oder an Badeseen. So setzte ich meine Studien fort: Im Umkleideraum der Frauen überprüfte ich immer, ob die Haarfarbe auf dem Kopf mit der Haarfarbe auf dem Venushügel übereinstimmte. Zu dieser Zeit gab es kaum Frauen, die sich im Intimbereich rasierten, als ich das erste Mal so etwas sah, dachte ich, die arme Frau ist bestimmt krank, dass ihr die Haare ausgefallen sind. Ich fand es immer schön, Frauen mit ihrer natürlichen Behaarung zu sehen, es war eine interessante Beobachtung und eine erstaunliche, wunderbare Vielfalt.

Trust

Auf der Suche nach Antworten: Hintergründe und Erklärungsversuche zur weiblichen* Haarlosigkeit

Drück dich aus mit all deinen Gedanken, mit all deinen Stimmen,
mit all deiner Perfektionistin, deiner Antreiberin, deiner Kritikerin.
Drück dich aus und guck, was dann passiert.
– Kristina Lang

All diese Texte, die mir zugesandt wurden, haben mich nachhaltig bewegt. Sie haben etwas in mir verändert, in meinem Bewusstsein, in meinem Umgang mit meinem Körper. Mir war gar nicht aufgefallen, wie viel Platz Scham in meinem Selbst eingenommen hatte. Wie sehr sie darüber bestimmte, dass ich mich versteckte, anstatt mich so zu zeigen und anzunehmen, wie ich bin. In mein Versteck ließ ich keine andere Person herein, weswegen mir auch der Zugang zu einem anderen Blick fehlte, zu einer anderen Realität. Mir fehlten neue Bilder. Und der Diskurs.

Je mehr ich anfing, mich mit Körperbehaarung auseinanderzusetzen, mir Fragen stellte – Warum enthaare ich mich überhaupt und wo kommt diese Norm eigentlich her? –, je mehr ich Gespräche suchte, umso mehr wurde mein Versteck ein Gemeinschaftsraum.

Die Vielfalt der Texte zeigt, dass wir durchaus ein großes gesellschaftliches Problem mit der Normierung von Frauen*körpern haben. Sie zeigt aber auch, dass wir unterschiedlich sind, unterschiedlich empfinden und unterschiedliche Wege einschlagen wollen und können im Umgang mit weiblichen* Körpern. Behaarung kann als schön empfunden werden, ebenso als stressend, unästhetisch, überflüssig oder nicht erwähnenswert. Die Auseinandersetzung damit kann auch wütend machen und viele Fragen aufwerfen. Fragen nach der Bedeutung von Weiblichkeit* und warum Körper so unterschiedlich bewertet werden.

Warum werden Haare an Frauen* als eklig empfunden, während die gleichen Haare männliche* Körper attraktiv machen?

Es stehen Fragen im Raum nach der ästhetischen Präferenz, die sich hier zeigt und wo diese herrührt. Wer entscheidet, was schön ist, ist manchmal gar nicht so einfach zu beantworten. Ebenso wenig wie die Frage, ob ich mich aufgrund meines eigenen Schönheitsempfindens der gesellschaftlich akzeptierten Norm von enthaarter Haut anpasse oder ob ich einfach nur vor keine Wahl gestellt werde.

Finde ich einen weiblichen* haarfreien Körper nun schön, weil *ich* ihn*sie schön finde oder weil er*sie als schön *gilt*? Diese Frage ist wichtig zu stellen und schwer zu beantworten. Um ihr auf den Grund zu gehen, lohnt es sich, noch ein bisschen tiefer in das Thema einzutauchen. Wie ist dieser ganze haarfreie Schönheitsmythos der Moderne überhaupt entstanden? Was kam davor? Wie sind frühere Generationen mit ihrer Behaarung umgegangen? Ist das Ideal der Haarlosigkeit wirklich ein neues Phänomen? Ein Blick in die Kulturgeschichte der Enthaarung kann da Aufschluss bieten und uns helfen, unser eigenes Verhalten besser einzuordnen. Auch möchte ich auf die Fragen nach dem Weiblichkeits*ideal und der unterschiedlichen Bewertung von Körpern weiter eingehen und darauf wie diese Bewertung den Umgang mit Körpern beeinflusst. Dazu später mehr.

Zunächst betrachten wir das facettenreiche Bild der Enthaarungskultur, das sich uns durch einen historischen Rückblick bietet.

Ein Blick zurück: enthaarte Körper im historischen Kontext

Alles Behaartsein ist tierisch.
Die Rasur ist das Abzeichen höherer Zivilisation.
– Arthur Schopenhauer

Vorab möchte ich anmerken, dass es im Folgenden nach einem Blick in die ältesten Ursprünge der Enthaarungstechniken hauptsächlich um die geschichtlichen Entwicklungen im mitteleuropäischen und nordamerikanischen Raum gehen wird, die eng miteinander verzahnt sind. Andere Länder und Kulturzweige haben auch andere Vorgeschichten, Praktiken und Schönheitsideale. Durch die Globalisierung vermischen sich Kulturen immer mehr und so sind die Einflüsse oft nicht mehr klar zu trennen. Auf alle Geschichten einzugehen würde den Rahmen dieses Exkurses allerdings sprengen.

Um unser heutiges Enthaarungsverhalten besser verstehen zu können, gehen wir in der Historie so weit zurück wie möglich, nämlich etwa 12.000 Jahre. Zu dieser Zeit scheinen sich Menschen bereits rasiert zu haben, was Felszeichnungen von Männern* ohne Bart vermuten lassen. Mögliche Werkzeuge dafür waren Feuersteine, Muschelschalen und Haifischzähne.[1] Eine richtige Enthaarungskultur, die über die Entfernung des männlichen* Bartes hinausgeht, entwickelte sich einige tausend Jahre später im Alten Ägypten. Dort wurden neben Messern, Bimssteinen und Muscheln bereits Zuckerpasten zur Enthaarung verwendet, eine Methode, die bis heute Anklang findet. Der gesamte Körper wurde damit von Haaren befreit.[2] Statt eigener Haare auf dem Kopf wurden gerne Perücken getragen. Königinnen* und Könige*, sowie deren Gemahl*innen schmückten sich zudem mit künstlichen Bärten.

Der oft goldene Kinnbart zeigte ihre königliche Macht und Würde und wurde von allen Geschlechtern getragen.[3]

Beschreibungen real bärtiger Frauen* sind hingegen bereits aus dem alten Griechenland überliefert und das ohne »den Bartwuchs etwa mit irgendeiner Krankhaftigkeit in Verbindung zu bringen«.[4] Auch in der Mythologie gab es bärtige Frauen*. Das »schönste« Beispiel ist die Göttin Venus (griech. Aphrodite). Als Überbringerin von Fruchtbarkeit und Liebe ist sie uns heute als Inbegriff weiblicher* Schönheit bekannt. Und genau diese Göttin wurde auf Zypern und in Südfrankreich als Bärtige verehrt.[5] »Bärtige Frauen galten im Altertum als – im doppelten Wortsinn – ›ausgezeichnete‹ – Prophetinnen, wobei der Bart als Zeichen von Weisheit und seherischer Kraft interpretiert wurde.«[6] Gleichzeitig galt zur Zeit der alten Griech*innen Intimbehaarung als »unzivilisiert«, weswegen Haare abgeflämmt oder ausgerissen wurden.[7]

Etwas später im Römischen Reich war Haarlosigkeit ein Zeichen von gehobener Klasse, alle Geschlechter folgten dieser Kultur.[8] Es galt, sich von Barbar*innen mit ihren Bärten und wilden Haaren abzugrenzen, aber auch der Kampf gegen Läuse und Ungeziefer sowie einfache Modeströmungen führten zu der vermehrten Enthaarung.[9]

Wenn ich historische Filme schaue, besonders solche, die im späteren Mittelalter spielen, rege ich mich immer wieder auf, sobald nackte Frauen*körper zu sehen sind – von der Oberlippe bis zu den Zehen haarlos. Eventuell sind ein paar Vulvahaare zu finden, oft jedoch nicht. Das vielzitierte finstere Mittelalter, in dem es große Probleme mit der Hygiene gab, und die reinlich dargestellten Körper passen für mich nicht zusammen. Sicherlich ist die Verschiebung unseres heutigen Schönheitsbildes in die damalige Zeit des mitteleuropäischen Raumes auch an den meisten Stellen unrealistisch, jedoch gab es zumindest ab dem Hochmittelalter Enthaarungspraktiken. Aus hygienischen Gründen durchaus sinnvoll. Ein Relief aus dem Jahre 1185 auf der Burg Sforzesco in Mailand zeigt eine Frau*, die ihre Vulvahaare schneidet. Im Spätmittelalter schien das eine mitunter regelmäßige Praxis gewesen zu sein, zumindest in gewissen Kreisen, wie Verse aus dem im 13. Jahrhundert verfassten Buch *Der Rosenroman* vermuten lassen. Dort heißt es: »Und als ein gutes Mädchen, halte sie die Kammer der Venus sauber; wenn sie ordentlich und wohlerzogen ist, läßt sie da herum keinerlei Spinnweben, das sie nicht verbrennt oder rasiert, ausreißt oder auskehrt, so daß dort kein Moos zu pflücken ist.«[10] Allerdings ist unklar, inwieweit Haarentfernung generell der Schönheit oder

der medizinischen Notwendigkeit galt. Rezepte zur Haarentfernung befanden sich in Büchern häufig zwischen jenen gegen Hautkrankheiten. Ein lange währendes Schönheitsideal für die Frau* war jedoch die besonders hohe Stirn sowie schmale Augenbrauen, welche die Stirn noch mal länger wirken ließ. Wer diesem Ideal entsprechen wollte, musste das Haar an Stirn und Schläfen entfernen. Zum Ende des 15. Jahrhunderts entwickelte sich diese Modeerscheinung wieder zurück zu einem natürlicheren Aussehen.[11]

Interessant sind auch die in der paganen Mythologie auftretenden Figuren der »Wilden Leute« zur Zeit des Mittelalters. Sie gehören zum europäischen, besonders aber auch zum deutschsprachigen Volksglauben in der Alpenregion. Als ambivalente Waldmenschen zeichneten sie sich besonders durch ihre ausgeprägte Behaarung von Kopf bis Fuß aus und »verkörperten alles, was im dualistischen Weltbild des Mittelalters als unzivilisiert, dämonisch, naturhaft, sündhaft, unkontrolliert, fremd und unheimlich galt«.[12] Sie lebten meistens allein. Die »Wilden Weiber« wurden als eine Art Todesdämoninnen* angesehen, die Kinder fräßen und Macht über das Gewitter hätten. Diese Vorstellung änderte sich im 15. Jahrhundert in eine eher positiv besetzte Vorstellung des »Wilden Fräuleins«, das gegenüber den Menschen hilfreich sei und gute Ratschläge für die Landwirtschaft gebe. Es stellte dabei die Vermittlung zwischen Wildnis und Zivilisation, zwischen Tier und Mensch dar. Behaarung galt als Zeichen ihrer Spiritualität und Nähe zum Göttlichen. Gerlinde Volland interpretiert die Behaarung dieser alleinstehenden, unabhängigen und gleichzeitig jungfräulich-anmutigen Gestalt mit ihrer Doppelgeschlechtlichkeit bzw. dem Hinweis auf Nicht-Binärität und ihrer transzendenten Darstellung als Zeichen, dass sie die Unterwerfung unter ein ›männliches Prinzip‹ verweigere.[13] Wurden hier womöglich Facetten der »haarigen Feministin*« vorweggenommen?

Ab dem 16. Jahrhundert schien es dann eine Zeitlang »durchaus modern und normal gewesen zu sein, wenn auch Frauen ihre Bärte trugen«.[14] Auch Intimbehaarung war positiv besetzt. Je kräftiger das Haar, umso größer die sexuelle Potenz, hieß es.[15] Jedoch waren auch weiterhin Rezepte zur Haarentfernung im Umlauf, wie beispielsweise im englischsprachigen »Frauen*-Buch« *The Byrth of Mankynde* zu finden, welches ab 1540 über das anschließende Jahrhundert immer wieder neu aufgelegt wurde. Darin befand sich ein Rezept aus Calciumoxid und Arsen, welches Frauen* von Haaren befreien sollte, »wo diese unschicklich« seien. Gemeint waren vor allem Gesichts- und Nackenhaare.[16]

Auch im deutschsprachigen Raum waren Rezepte zur Haarentfernung verbreitet. Das 1680 als Gesamtwerk herausgebrachte »Hausbuch vom Haushalten« *Oeconomia Ruralis* schlug beispielsweise 19 solcher Mixturen vor, deren Anwendung bis ins 18. Jahrhundert reichen sollte. In den Zutatenlisten befanden sich auch Bestandteile wie Katzendreck und Fledermaushirn.[17]

Während dieser Zeit, in der Epoche des Barocks, wuchs das Interesse für Ungewöhnliches, besonders in den König*innenhäusern, wo außerordentlich aussehende Menschen als Sammelobjekte dienten und für die Hofunterhaltung herhalten mussten. Darunter auch Menschen mit einer imposanten Behaarung.[18] Die Zurschaustellung von bärtigen und besonders haarigen Frauen* fand bis ins späte 19. Jahrhundert auf Höfen und Jahrmärkten oder im Zirkus statt. Damit wurden sie lächerlich gemacht und »schließlich auch als ›Abnormität‹ gebrandmarkt«.[19]

Gleichzeitig gibt es bis zum Beginn des 18. Jahrhunderts noch Hinweise auf barttragende Frauen*, was eine ganze Reihe von Portraits bezeugt. Dieses Bild kehrte sich anschließend allerdings um. Im Laufe des 18. Jahrhunderts wurden Frauen* mit Bart ausschließlich abwertend beschrieben und betrachtet, erklärt Margitta Staib.[20] Durch das europäische Schönheitsideal einer Porzellanhaut, das den inneren Charakter zeigen sollte, wurde die Entfernung der Gesichtsbehaarung bei Frauen* an Oberlippe und Stirn eine Frage der moralischen Verpflichtung.[21] Jedoch nicht nur Frauen*, auch Männer* legten ihre Bärte weitestgehend ab. In Preußen war es beispielsweise verboten, als Referendar* oder bei der Post einen Schnurrbart zu tragen.[22]

Nach der Übersiedlung der Europäer*innen auf den amerikanischen Kontinent entwickelte sich die Enthaarungsnorm, wie wir sie heute in Europa kennen. Viele Enthaarungsmethoden wurden in den späteren USA entwickelt, weswegen wir uns im Folgenden die dortige Geschichte genauer anschauen. In einer abgeschwächten Version fand sie zwar ähnlich auch in Deutschland statt,[23] aber erst der Export der Haarlosigkeitskultur aus den USA etablierte sie auch in unseren Kreisen.

Zunächst sah es nicht danach aus, als würden die Siedler*innen Amerikas viel von Enthaarung halten. Im Gegenteil: Haarlosigkeit wurde als Bestätigung rassistischer Ideologien ausgelegt. Die weitestgehend körperhaarfreien indigenen Amerikaner*innen stellten die europäischen Besetzenden vor ein Rätsel: Wuchsen ihnen keine Haare oder wurden sie entfernt? Egal wie die Antwort lautete, sie unterstrich die vermeintliche Andersartigkeit der Natives in den Augen der Besetzenden. Diese glaubten darin die Unmöglichkeit einer Zusammenkunft zu erkennen, da sich ihnen die Frage stellte, ob die Natives mit ihrer Haarlosigkeit überhaupt fähig seien, sich anzupassen.[24]

Paradoxerweise ließ das Propagieren der eigenen Haarlosigkeit unter den *weißen* weiblichen* Amerikaner*innen nicht lange auf sich warten. Während Rezepte zur Entfernung von Haaren bereits seit Generationen weitergegeben wurden, trieben die beginnende Industrialisierung und die illustrierten Wochenblätter den Schönheitsmythos und ihre Kommerzialisierung voran.[25] Besonders Haare im Gesicht und Nacken wurden bereits regelmäßig als »überflüssig« beschrieben sowie als »vielleicht größten Makel, den eine Frau haben kann«.[26] Zu Beginn des 19. Jahrhunderts wurden erste industrielle Enthaarungscremes entwickelt. Die neuen Möglichkeiten der chemischen Enthäutung von Tieren brachte die Entwickler* auf die Idee, solche Chemikalien auch für die menschliche Haarentfernung anzubieten. Die ätzenden Zusammensetzungen wurden Frauen* als Enthaarungsmittel für Stirn, Oberlippe, Arme und Hände verkauft, ohne vorher genügend getestet oder geprüft worden zu sein. Nicht ohne Folgen. Viele Frauen* verletzten sich dabei stark, wurden verstümmelt, entstellt oder starben aufgrund der Anwendung. In Zeitschriften und Magazinen wurden energische Nachfragen nach sichereren Methoden gestellt, dennoch waren die Enthaarungscremes sehr gefragt.[27]

Auch die Elektrolyse, eine Methode, die bis heute Anwendung findet, stammt aus dem 19. Jahrhundert. Dabei sticht eine batteriebetriebene Nadel in den einzelnen Haarfolikel, wodurch er und anderes Gewebe zurückschreckt. Eine sehr schmerzhafte Prozedur, vor allem bei größeren Arealen. So schmerzhaft, dass vielen Frauen* ein Anästhesieren empfohlen wurde.[28]

Eine weitere fragwürdige Entdeckung war die Möglichkeit, Haare durch Röntgen-Strahlen zu entfernen. Diese war im Gegensatz zu allen anderen Methoden zunächst komplett schmerzfrei, weswegen sie sich großer Beliebtheit erfreute.[29] Werbeslogans betonten dabei ein rassistisches Motiv: Es ging immer wieder darum, dass Haarentfernung die Haut »weiß« mache und von »dunklen Spuren« befreie.[30]

Aber auch die Entwicklung der heute so beliebten Rasurmethode wurde ab dem späten 19. Jahrhundert enorm vorangetrieben. Bisweilen war dies keine Methode für den Hausgebrauch, da die damaligen Rasiermesser eine geübte Technik voraussetzten, die den Gang zu Barbier*innen erforderlich machte. Doch der Weg zur Selbstrasur wurde geebnet und die ersten sogenannten »safety razor« vermarktet, die durch einen Schutz über der Klinge das Verletzungsrisiko verringerten. Zielgruppe waren zunächst nur Männer*, allerdings mit anfänglich mäßigem Erfolg. Das änderte sich langsam als King Camp Gillette 1903 den ersten Rasierhobel mit wechselbaren Klingen in T-Form auf den Markt brachte, durch den das Rasieren von nun an auch zu Hause üblicher wurde. Besonders die Zeit des Ersten Weltkrieges sah Gillette als Möglichkeit, die männlichen* Soldaten an die Selbstrasur zu gewöhnen und diese zu bewerben. Als Vorteile gegenüber dem Bart galten die Vorbeugung von Parasiten und die größere Passgenauigkeit der Gasmasken. Einen Rasierer zu besitzen wurde bald für jeden US-Soldaten* zur Pflicht.[31]

Mit dem Ausbau sanitärer Anlagen und dem Einzug privater Badezimmer wurde die Selbstrasur weiter vereinfacht. Das Hygieneverhalten änderte sich in der Gesellschaft durch den vermehrten Zugang zu fließendem Wasser und der Möglichkeit, sich täglich waschen zu können. Dies wurde angeraten, um Infektionskrankheiten vorzubeugen.[32] Körperhygiene wurde zunehmend wichtiger und die Nachfrage nach Utensilien zur Pflege des Körpers begünstigt. Besonders Frauen* rückten immer mehr in den Fokus von Werbekampagnen solcher Utensilien, darunter auch der Haarentfernung.

Enthaarung von Achseln und Beinen wurde vor 1910 in den USA hauptsächlich von Schauspielerinnen* und Tänzerinnen* durchgeführt sowie vor Operationen. Jedoch machten Magazine wie *Harper's Bazaar* und *McCall's Magazines* bereits Werbung für die Enthaarung von allen sichtbaren Hautpartien: Gesicht, Nacken und Unterarme. Durch die Veränderung in der Mode wurde der Bereich des Sichtbaren allerdings immer größer, die bisher den Körper weitestgehend verdeckenden Röcke und Ärmel wurden kürzer, oftmals inspiriert von alt-griechischer oder römischer Kleidung, was interessant scheint im Zusammenhang mit den Ursprüngen der Haarentfernungsgeschichte.[33] Haarfreie Haut an Frauen* zu zeigen, schien ein wirksames Mittel zu sein, um die Unterschiedlichkeit innerhalb des binären Geschlechtssystems aufrechtzuerhalten. Mit Beginn der Suffragetten-Bewegung Anfang des 20. Jahrhunderts, drangen Frauen* immer mehr in männlich* besetzte Areale ein, kämpften für Wahlrecht und Zugang zu bezahlter Arbeit und Bildung. Sichtbare Körperhaare der Suffragetten wurden von Kritiker*innen als nicht geschlechtskonform dargestellt und als Zeichen von zu viel Männlichkeit* oder negativ bewerteter Homosexualität ausgelegt. Befürworter*innen der Bewegung mögen darin einen Ausdruck der Unabhängigkeit gesehen haben. Gleichzeitig kam das Experimentieren mit Enthaarungsmitteln in Mode und wurde vor allem von jungen Frauen* im Versuch, sich selbst auszudrücken genutzt.[34]

1915 brachte *Gillette* dann den ersten Rasierer speziell »für die Frau« auf den Markt, den *Milady Decolletée safety razor*. Diesen zu vermarkten war gar nicht leicht, da Rasierer in den Köpfen noch ausschließlich männlich* besetzt waren und Frauen* nicht in Zusammenhang mit der Rasur gebracht werden wollten.[35] Sie nutzten lieber Enthaarungscremes oder gingen in eines der Röntgen-Studios, trotz der potenziellen Gefahren.[36] In der Werbung wurden deswegen Worte wie »shaving« oder »blades« vermieden und durch »toilet accessorries« ersetzt.[37] Da das Rasieren jedoch eine einfache und günstige Alternative gegenüber den bisherigen Enthaarungsmethoden war, benutzten Frauen* nach dem Krieg oft heimlich den Rasierer ihrer Männer*.[38] Der *Milady Decolletée* wurde zur Entfernung der Achselhaare beworben. Die Kampagnen richteten sich auch hier vornehmlich an *weiße* Frauen*, da immer wieder betont wurde, wie »weiß und glatt« das Rasieren die Haut mache.[39] In den Werbebotschaften ging es zudem immer öfter darum, dass Frauen* durch ihr Aussehen den Männern* beweisen sollten, dass sie fähig seien, den Haushalt zu führen.[40] Und Körperhaare, besonders zwischen Stirn und Achseln, schienen alles andere als ansehnlich zu sein, wurden als »hässlich«, »überflüssig« und »unmodern« bezeichnet.[41] Was diese Botschaften mit der Psyche der Frauen* machten, zeigen einige Berichte von ernsthaften Depressionen im Zusammenhang mit starker Behaarung, vor allem im Gesicht.[42]

Enthaarte Körper galten auch als eine Form von Statussymbol. Nutzerinnen* von Röntgen-Salons waren meist Frauen* der Arbeiter*innenklasse, oft nicht Englisch sprechend, die sich von der Behandlung einen sozialen Aufstieg erhofften und damit hohe finanzielle sowie gesundheitliche Kosten in Kauf nahmen.[43] Die Folgeschäden durch die Bestrahlung waren immens und führten in den späten 1940ern zur Einstellung der Methode, als einige Frauen* gegen die Studios klagten und durch die katastrophalen Folgen der Atombombenanschläge auf Hiroshima und Nagasaki eine größere Sensibilisierung gegenüber Strahlenrisiken entstanden war.[44]

Werbung für Haarentfernung zu machen, wurde schnell attraktiv. Das Magazin *Harper's Bazaar* verzeichnete einen fünffachen Anstieg der Werbeanzeigen für Enthaarungsmittel zwischen 1915 und 1919. Es gibt kein vergleichbares Werbewachstum bei anderen Kosmetikprodukten.[45]

Allerdings wurde die meiste Werbung in Magazinen wie *Sears* und *Mc Call's* zunächst nur saisonal von April bis September geschaltet,[46] was das Bild prägte, dass Haarentfernung nur im Sommer nötig sei, wenn auch Haut gezeigt wird.

Während des Zweiten Weltkrieges fand dann ein entscheidender Wandel statt. Zwar zeigten die kürzer gewordenen Röcke theoretisch mehr Bein, die Frauen* trugen vor dem Zweiten Weltkrieg jedoch meist dicke Nylonstrümpfe, die etwaige Behaarung kaschierten. Dass damit zeitweise aus Scham sogar schwimmen gegangen wurde, zeigt eine Werbung für Enthaarungscreme aus den 20er Jahren, die dafür plädierte, »ohne Strümpfe schwimmen gehen zu können ohne in Verlegenheit zu geraten«.[47] Als die Materialien Nylon und Seide für den Krieg gebraucht wurden, um Fallschirme herzustellen, wurde der Zugang zu den Strümpfen immer knapper. Um die modische Erscheinung zu imitieren, kamen sogenannte »liquid stockings« in Mode, flüssige Farben, die auf die Beine aufgetragen wurden, um die Illusion von realen Strümpfen aufrecht zu erhalten. Oft wurde auch der Saum auf der Hinterseite der Beine aufgemalt. Damit die Farbe auf der Haut hielt, wurde allerdings die Rasur notwendig. Als auch die Kosmetik Mangelware wurde, da die USA stattdessen auf die Produktion von Munition setzte, blieb es bei der reinen Rasur, sowie dem Mythos einer Schönheitsbräune.[48]

Mit diesem Umschwung zielte auch die Werbung immer mehr auf die Beinhaarentfernung ab.[49] Vor den 1940ern galt das Rasieren des Körpers als die am wenigsten favorisierte Methode in den USA,[50] in den 50er Jahren wurde die Rasur plötzlich zum Mainstream.[51]

Auch in Deutschland begann die Enthaarungsmode langsam in der Gesellschaft anzukommen. Durch das neue Massenmedium Fernsehen konnten Schönheitsideale, neben der Darstellung im Kino und in Print-Magazinen, immer leichter verbreitet werden.[52] Es wurde insgesamt mehr und mehr nackte Frauen*haut in Mode und Werbung gezeigt und die Ästhetisierung der Haarentfernung begann. Die Haarlosigkeit der Beine rückte hierzulande bereits in den 50er Jahren in den Fokus von Werbeanzeigen – zu einer Zeit, in der in den USA glatte Beine gerade zur Norm geworden waren.[53] Kosmetikratgeber wie *Sei auch Du gepflegt und schön!* von Arletta Hahn wiesen außerdem bereits darauf hin, dass Achselhaare beim Tragen von ärmellosen Kleidern oder Schwimmmoden entfernt werden »*müssen*«, ansonsten mindestens kurzgeschnitten sein sollten, wenn eine Abneigung gegenüber der kompletten Enthaarung bestünde – was zu der Zeit scheinbar noch die Regel war.[54]

In den 60er und 70er Jahren folgte dann der große Export des Enthaarungstrends aus den USA nach Europa.[55] Während sich 1964 in den USA laut einer Studie 98 Prozent der amerikanischen Frauen* zwischen 15 und 44 Jahren regelmäßig die Beine rasierten,[56] drängten die Werbebotschaften deutsche Frauen* in eine ähnliche Richtung. So heißt es beispielsweise in einer *Veet*-Werbung: »Behaarte Beine und unter den Achseln hervorlugende häßliche Haare sind schockierend«[57], oder in einer *Pilca*-Werbung: »Haare sind beim Mann nur schön ... bei Frauen stören sie«.[58] Eine Werbung, die es 1973 wohl besonders auf den Punkt bringt, ist von *Braun*: »Mit dem Haarentfernen ist es so eine Sache. Man kann viele Vorurteile und die unterschiedlichsten Ansichten darüber hören: Die einen finden Haarentfernen überflüssig, weil man's angeblich ja doch nicht sieht. Manche tun es nur dann und wann, wenn's besondere Anlässe gibt. Doch für jede fünfte Frau in der Bundesrepublik ist es eine Selbstverständlichkeit wie die tägliche Körperpflege. Weil zarte, glatte Haut ohne störende Härchen ästhetischer und gepflegter aussieht, einfach jeden Tag. Die Frage also, ob oder ob nicht, ist im Grunde keine Frage. Aber das Wie.«[59]

Bis in die 80er/90er Jahre gehörten Frauen*, die ihre Haare offen zeigten, noch zum deutschen Gesellschaftsbild. Die Achselhaare der Sängerin Nena, die in den USA schockiert betrachtet wurden, waren in Deutschland nicht sonderlich politisch. Der Einzug der Privatsender und deren Strategie von »Sex sells« brachte die Verbreitung eines haarlosen Frauen*körpers allerdings immer weiter voran.[60] Auch in der Pornografie etablierte sich langsam die komplett enthaarte Vulva und wurde zum Vorbild für das kommende Schönheitsideal.

Tatsächlich entwickelte sich das neue Enthaarungsideal nach der Jahrtausendwende ziemlich rasant. Soziologin Ada Borgenhagen beschreibt den Zeitraum um 2009 als Hauptpeak der Modewelle, in welcher der Körper enthaart werden musste.[61] Das Internet war in die Haushalte eingezogen, der Zugang zu Pornografie erleichtert, die Hypersexualisierung der Frau* wurde über Popkultur und Medien in die Gesellschaft getragen und verinnerlicht.[62] Viele Frauen*, die bis heute einen großen Kampf mit der Enthaarung verspüren, sind in dieser Zeit groß geworden.

Doch auch erste kleine Gegenbewegungen ließen nicht lange auf sich warten. 2012 wurde das erste Bild unter *#hairywoman* öffentlich auf *Instagram* hochgeladen,[63] die Body-Positivity-Bewegung kam ins Rollen[64] und eine sexistische *Gillette*-Kampagne, die suggerierte, dass rasierte

Frauen* sich den Männern* besonders nahefühlten, wurde nach erheblichen Beschwerden zurückgezogen. Auch die *Veet*-Kampagne »Don't risk Dudeness« zwei Jahre später, in der ein stark behaarter Mann* mit Frauen*stimme sich dafür entschuldigte, gestern das Rasieren vergessen zu haben und dafür erschrockene Reaktionen bekam, erhielt neben vermutlich vielen unangebrachten Lachern Gegenwind und wurde offline genommen.[65] Mutiger gingen die Bekleidungsmarke *American Apparel* sowie *H&M* voran, die weibliche* Körperbehaarung in ihre Werbung mit einbauten, was für PR, sowie einen Imagewechsel sorgen sollte. *American Apparel* stellte Schaufensterpuppen mit Vulvahaaren aus und *H&M* lud einen online Clip hoch, in dem in einem sekundenschnellen Moment etwas Achselhaar sichtbar wurde.[66] Mehr Mut brachten sie dann doch nicht auf.

Was es für eine weiblich gelesene Person bedeuten kann, wenn sie mit Körperbehaarung in der Öffentlichkeit steht, machen die Vergewaltigungsdrohungen deutlich, die Arvida Byström als Reaktion auf eine *Adidas*-Werbung 2017 bekam, in der sie* sich mit behaarten Beinen fotografieren ließ. Aber auch viele andere Frauen* mussten bereits die Erfahrung eines Shitstorms aushalten, der aufgrund des Zeigens ihrer Körperhaare auf sie zurollte.[67]

2018 startete die Rasierermarke *Billie* die erste Kampagne, die den tatsächlichen Rasiervorgang zeigt, also einen Rasierer, der über ein haariges Bein statt über ein bereits glattrasiertes gleitet. In dem Werbeclip werden diverse als Frauen gelesene Personen mit Haaren gezeigt und die Botschaft vermittelt, dass es in der Entscheidung der Person liege, sich zu rasieren oder nicht.[68] Wo wir wieder bei der Frage nach der Wahlfreiheit wären.

Seit wenigen Jahren scheint die Enthaarungsnorm langsam als Thema wahrgenommen und als Problem anerkannt zu werden. Es wird sich langsam herangetastet, plötzlich machen Podcasts, von denen ich mir vor diesem Projekt sehnlichst gewünscht hätte, dass sie mal über Behaarung an Frauen* sprechen, ganze Folgen darüber. Immer mehr Influencerinnen* und Personen des öffentlichen Lebens zeigen sich haarig, es gibt vermehrt Webseiten und Zuspruch zu dem Thema und wenn wir uns lange genug in dieser Pro-Haare-Blase im Internet aufhalten, scheint es manchmal fast, als wären Frauen*, die Haare zeigen etwas vollkommen Normales. Diese Blase zerplatzt allerdings schnell, wenn wir wieder raus auf die Straße gehen. Ein scheinbar nach wie vor körperhaarfeindliches Terrain für weiblich gelesene Personen.

Jedoch ist der Gang auf die Straße seit Beginn der Corona Pandemie 2020 nicht mehr wie gewohnt möglich. Er wird seit Monaten auf ein Minimum beschränkt und soziale Kontakte reduzieren sich während der Lockdowns für viele drastisch, wodurch ebenso unsere Haut und Haare von deutlich weniger Menschen betrachtet werden können. Ob dieser Zustand auch Auswirkungen auf das gesellschaftliche Enthaarungsverhalten hat, müsste erst noch genauer erforscht werden. Eine kleine, nicht repräsentative Umfrage unter den Autor*innen dieses Buches zur Zeit des ersten Lockdowns im Frühjahr 2020 könnte dafür erste Hinweise bieten: Zwei Drittel (65,6%) der Personen, die sich zuvor gelegentlich bis regelmäßig enthaarten, gaben an, dass sich während des Lockdowns nichts an ihrer Enthaarungspraktik geändert habe, während ein Drittel (34,4%) bereits in den ersten Wochen einen Unterschied bemerkte. In Zeiten der Kontaktbeschränkungen enthaarten sie sich seltener als üblich, 6% der Befragten gaben auch an, komplett damit aufgehört zu haben. Als Gründe wurden aufgeführt, dass der Körper weniger von anderen gesehen würde, dass Anlässe zum Enthaaren wegfielen, aber auch, dass die Auseinandersetzung mit der Körperenthaarungsnorm sie dazu veranlasste, sich auszuprobieren und Haare bewusst wachsen zu lassen. Über die Hälfte derjenigen, die sich weniger enthaarten, fühlten sich dennoch unwohl mit ihren Körperhaaren oder waren sich unschlüssig darüber, wie sie sich fühlen sollten, auch, wenn die Haare nur von ihnen selbst gesehen wurden.

Der langanhaltende Zustand der reduzierten Kontakte während der Pandemie, bietet scheinbar für viele eine Möglichkeit, sich mit der eigenen Haarigkeit auseinanderzusetzen. Ob dadurch mit der Zeit Gewöhnungseffekte entstehen und weibliche* Körperhaare auch an öffentlichen Orten sichtbarer werden, bleibt abzuwarten.

Der Blick in die Geschichte zeigt, dass Körperenthaarung kein neues Phänomen ist, sondern seit Jahrtausenden immer wieder praktiziert wurde und in unterschiedlichen Kontexten und Epochen verschiedene Bedeutungen einnahm. Hygienische Vorstellungen, aber auch die Kommerzialisierung von Produkten haben einen großen Teil zur heutigen Normvorstellung der haarlosen Frau* beigetragen. Fragwürdig bleibt, warum gerade Frauen* von dieser Normierung so betroffen sind, während männlich gelesene Personen bis heute in fast jedem Behaarungsstatus gesellschaftlich akzeptiert werden.

Das Weiblichkeits*ideal und warum es unserer Wahlfreiheit im Weg steht

Es kann gefährlich sein, als Frau als solche identifiziert zu werden; es kann gefährlich sein, nicht als Frau identifiziert zu werden.
– Sara Ahmed

Laut einer britischen Studie aus dem Jahr 2013 verbringen Frauen* 72 Tage ihres Lebens rasierend.[1] Enthaarung ist Alltag und wird vorausgesetzt.

Aktivistin* Kristina Lang erzählt in einem Interview von einem Experiment. Sie sprach im Club einen Mann* an, der Interesse an ihr gezeigt hatte und machte ihn direkt auf ihre behaarten Beine aufmerksam. Seine Reaktion war deutlich. Geschockt fragte er, ob sie sich als Frau* verkleidet hätte. Er hatte offenbar noch nie eine Frau* mit Haaren gesehen.[2] Die glatte Frauen*haut ist so in unseren Köpfen abgespeichert, dass das Bild einer weiblich gelesenen Person mit sichtbarer Körperbehaarung nicht leicht zusammenzusetzen ist. Auch für Frauen*. Wie viele von ihnen haben ihren Körper selbst schon im komplett natürlich behaarten Zustand gesehen? Studien gibt es dazu keine – vermutlich sind es die wenigsten. Ich selbst habe erst im Prozess dieses Projektes meine eigenen Achselhaare zum ersten Mal im voll ausgewachsenen Zustand gesehen. Es war die einzige Partie, die seit der Pubertät von mir konsequent bearbeitet wurde.

Warum verbringen Frauen* aber so viel Zeit mit der Enthaarung und generell mit ihrem Körper? Warum sind sie so anfällig für modische Reize? Eine Erklärung, ausgehend von einer Theorie Seymour Fishers, wäre, dass durch biologische Gegebenheiten die meisten Frauen* bzw. alle Menschen mit einer funktionstüchtigen Gebärmutter einen rituellen und engen Umgang mit dem eigenen Körper pflegen müssen.

Zyklusbedingt sind ihre Körper ständig im Wandel und verlangen während der Menstruation oder Schwangerschaft besondere Aufmerksamkeit. Sich durch Mode auszudrücken, kann laut Fisher diesen Personen helfen, den »Zustand der körperlichen Veränderung« auch äußerlich auszuleben.[3]

Weiblich gelesene Personen wachsen außerdem mit einem bestimmten Verständnis für ihre Körperlichkeit auf. Erziehungsmechanismen, die Mädchen* nahelegen, möglichst klein, leise, feinfühlig und zurückhaltend zu sein sowie gepflegt, hübsch und gut riechend sind tief in uns verwurzelt, während Jungs* laut, kräftig, aggressiv, vorpreschend und streng riechend sein dürfen. Dass diese Zuschreibungen problematisch für alle Geschlechter sind, liegt auf der Hand. Die geschlechtlichen Konnotationen beeinflussen unser Handeln und Denken und schränken unsere Vorstellung von Diversität ein. Dennoch wachsen wir mit ihnen auf und haben sie verinnerlicht. Mädchen*, die das Attribut »weiblich« erlangen wollen, richten sich logischerweise nach weiblich* konnotierten Eigenschaften und Tätigkeiten. Darunter fällt auch die Praxis der Körperenthaarung, sie wird immer und immer wieder als Form von »weiblichem Handeln« dargestellt. Hinzu kommen auf der anderen Seite die negativen Bewertungen von Haaren an Frauen*, die meist in die Richtung gehen, dass eine Frau* durch sichtbare Behaarung als besonders männlich* wahrgenommen wird. Für Menschen, die sich als weiblich identifizieren und so gesehen werden wollen, ein Problem. Das Bild der haarigen Frau* triggert Gender-Identitätskrisen, wegen der kulturellen klaren Zuweisung, was als »weiblich« und was als »männlich« gilt. Durch die enorme Stigmatisierung der weiblichen* Körperbehaarung entsteht unter den weiblich identifizierten Frauen* eine große Sorge, dass ihre vermeintliche Abweichung als solche wahrgenommen wird und sie dadurch Zurückweisung erfahren.[4] Und die Zurückweisung findet statt, was die Texte in diesem Buch, aber auch der Blick in die Geschichte und all die herablassenden Beiträge in sozialen und öffentlichen Medien zeigen. Frauen*, die zu ihrem natürlichen Körper stehen, werden dafür meist abgelehnt.[5] Und das oft von Frauen* selbst. Wenn »Weiblichkeit« ein wichtiger Teil ihrer Identität ist, fällt es schwer, ihre Bedeutung loszulassen oder umzuschreiben. Eine klare Definition von »Weiblichkeit« dient schließlich auch als Orientierungshilfe bei der Suche nach dem eigenen Ich. Problematisch ist allerdings, dass sich nur ein bestimmter Teil der Menschheit dieses Begriffes bedienen darf, um ihn sich zu eigen zu machen. Nicht als Frauen gelesenen Personen wird er eher nicht zugesprochen.

Im Grunde wollen Frauen*, die Sorgen haben, ihre Femininität zu verlieren, sowie Männer*, die sich durch Maskulinität an Frauen* in ihrer eigenen Männlichkeit bedroht fühlen, nur ihre eigene Identität sichergestellt wissen. Die Aufrechterhaltung von patriarchalen Strukturen bietet nämlich Stabilität und Sicherheit. In den letzten 120 Jahren haben weitreichende Veränderungen stattgefunden, die diese patriarchale Stabilität immer mehr bedrohen. Frauen* haben das Wahlrecht erlangt, sind außerhalb des Hauses berufstätig geworden, wurden finanziell und emotional unabhängig, haben sich von bewegungseinschränkenden Kleidern befreit, sind in die Politik gegangen, haben das Patriarchat und die Rolle des heterosexuellen Cis-Mannes kritisiert und unterstützen mittlerweile auch oft die Infragestellung des binären Gender-Konstrukts, welche von Menschen gefordert wird, die in diesem Konstrukt keinen Platz finden. Dass sich in all dieser haltlosen Veränderung gewohnte Strukturen und klar konnotierte Geschlechtsmerkmale auch verfestigen, ist nicht verwunderlich.

Unser heutiges Schönheitsideal kann als eine Art Kontrollsystem verstanden werden, das sich entwickelte, um die gesellschaftlichen Veränderungen in Schach zu halten oder sie zumindest zu verlangsamen. Schriftstellerin* Naomi Wolf schreibt: »In dem Maß, wie es den Frauen gelang, sich vom Kinder-Küche-Weiblichkeitswahn frei zu machen, übernahm der Schönheitsmythos dessen Funktion als Instrument sozialer Kontrolle.«[6] Frauen*, die sich viel mit der Optik ihres Körpers beschäftigen oder 72 Tage ihres Lebens rasierend verbringen, haben weniger Zeit übrig, um für ökonomische Veränderungen zu kämpfen.[7]

Dabei spricht nichts dagegen, den eigenen Körper nach den eigenen Wünschen und Vorstellungen zu schmücken. Kleidung, Schminke und auch Enthaarung können helfen, sich selbst auszudrücken, Stimmungen zu gestalten und sich dadurch wohl zu fühlen. Problematisch kann in dem Fall nicht die Oberfläche, sondern ein viel tiefer liegender Kern sein.

Nehmen wir das Bild einer glatten Vulva. Wenn Frauen* ihre Vulva enthaaren, zeigen sie sich dadurch noch nackter als sie ohne Kleidung eh schon wären. Diese Enthüllung kann durchaus als Protestaktion gegen die Schamhaftigkeit verstanden werden, die zeigt, hier bin ich, schau mich an. Sie kann Weiblichkeit* präsentieren, Stolz, aber auch

Verletzlichkeit und Mut ausdrücken. Sich so offen zu zeigen und zu fühlen, kann selbstbewusst machen und sich nicht nur positiv auf das eigene Selbstwertgefühl, sondern auch auf die sexuelle Befriedigung auswirken. Sich ohne Haare zu berühren kann eine ganz neue Nähe zu sich selbst erschaffen. Enthaarte Vulven könnten sehr positiv besetzt sein, genauso wie haarige Vulven es könnten. Sie drücken etwas Geheimnisvolles, Lebendiges aus, machen vielleicht neugierig oder bieten einfach nur Schutz. Den Körper so zu nehmen wie sie*er ist, stärkt das Selbstwertgefühl, macht selbstbewusst. Weiches Haar kann Wärme ausstrahlen, kann unter den Fingern kitzeln, kribbeln und Emotionen ausdrücken. Haarbälge stellen sich nicht nur bei Kälte auf, sondern auch bei Begeisterung, Zorn oder Angst. Die kleinen Antennen gehören zu den Sinnesorganen der Haut, jede Bewegung oder Berührung wird durch Tastkörperchen an das Gehirn weitergeleitet.[8] Haare können sich beim Sex sehr schön anfühlen und auf ihre Weise die Empfindung steigern. Buschige Vulven können Weiblichkeit* präsentieren, Stolz, aber auch Verletzlichkeit und Mut ausdrücken.

Ob haarig oder nicht, das ist gar nicht der Punkt. Vulven werden generell eher negativ bewertet – und das wirkt sich auch auf unsere Vorstellung von »Weiblichkeit« aus.

Es gibt andere Begriffe für Vulva, die als Schimpfwörter dienen. Das Wort »Vulva« wird selten verwendet, weil es viele Menschen nicht kennen, dabei ist es die korrekte Bezeichnung für den sichtbaren Teil des Geschlechts. Das öfter verwendete Wort »Vagina« beschreibt lediglich den innen liegenden Schlauch, der zur Gebärmutter führt. Genauso wie die »Scheide«, die den Raum für das »Schwert« bietet.

Auch »Schamlippen« und »Schamhaare« zelebrieren nicht gerade das weibliche* Geschlecht, sondern verbinden es mit etwas, wofür es sich zu schämen gilt. Die Journalistinnen* Gunda Windmüller und Mithu Sanyal fordern deswegen in einer Petition, das Wort »Schamlippen« im Duden durch »Vulvalippen« zu ersetzen und schlagen auch den Begriff »Charmehaare« vor. »Vulvahaare« geht natürlich auch.

Dann gibt es noch die »Bikinizone«, ein Wort, das durch Reklame-Sprache entstand und fest mit dem Enthaarungsvorgang in Verbindung steht. Es wurde notwendig, um den Bereich zu beschreiben, der auf jeden Fall haarfrei sein musste, während die Vulva unter der Bikinihose erst mal nicht beachtet wurde. Dieses Kein-Haar-guckt-aus-dem-Slip-heraus bei immer knapper werdenden Unterhosen ist allerdings gar nicht so leicht und die »Bikinizone« wurde eine immer größere Fläche und irgendwann, wenn frau* schonmal dabei war, konnte auch der ganze Rest ab.

Die wenig positive Besetzung von haarfreien und haarvollen Vulven, sowie die Hinwendung zum Kahlschlag ist auch mit dem leichteren Zugang zur Pornografie und den dort entstandenen Bildern verknüpft. Haarvolle Vulven sind in Pornos so gut wie nicht zu finden oder als Fetisch abgestempelt. Die haarfreie Vulva und der restliche nackte Frauen*körper, an dem kein Haar wächst, erfährt eine Hypersexualisierung durch die extrem objekthafte Darstellung in Mainstreampornos. Mittlerweile haben junge Menschen mit durchschnittlich 14,2 Jahren ihren ersten Kontakt zu expliziter Pornografie. Das Durchschnittsalter sinkt mit den jüngeren Generationen. Viele sehen schon zwischen 12 und 13 Jahren erste Pornos.[9] Über Pornografie zu lernen, wie Sex angeblich funktioniert und was einen begehrenswerten Körper ausmacht, beeinflusst den Umgang mit dem eigenen Körper und der eigenen Sexualität. Vor allem, wenn es in der zugänglichen Pornografie keine Diversität gibt. Die unbehaarte Vulva wurde durch Mainstreampornos ein Symbol von Sex, einhergehend mit auferlegter Objekthaftigkeit und unterwürfigen Sexpraktiken, da die große Mehrheit der dargestellten und meistkonsumierten Hetero-Szenen Sexualität aus einer männlich* dominierenden Perspektive zeigt.[10] Diese Entwicklung sorgte dafür, dass bei der nackten Vulva immer wieder von einem Infantilisierungsansatz gesprochen wird. Das unbehaarte Geschlecht als Abwertung des Frau*seins, als Aufrechterhaltung patriarchaler Strukturen, als Symbol kindlicher Reinheit und sexueller Unreife, welches die ausgewachsene, oft haarige Sexualität des Mannes* erhöht. Aber es kann auch als sexueller Schonraum und Sexualabwehr verstanden werden, wenn die Verkindlichung eine Schutzbedürftigkeit verkörpert.[11]

Starke Weiblichkeit* und selbstbestimmte, freudvolle Sexualität werden jedenfalls selten mit einer Vulva assoziiert, sei sie haarig oder nicht. Stattdessen liegt in ihrer Symbolhaftigkeit eine starke Negativbewertung des Frau*seins zu Grunde, die auch mit einer gezähmten Sexualität einhergeht. Die Betonung des Jugendlichkeits-Gebots signalisiert zudem, »daß der Körper der Frau für sich genommen nicht attraktiv genug sei und ohne weitere Veränderung nicht akzeptiert werde.«[12]

Wir sollten selbst bestimmen können, ob unser Geschlecht im behaarten oder unbehaarten oder gar in einem aufwendig frisierten Zustand besonders schön ist, aber die Bilder, die uns umgeben, sind machtvoll und erschweren massiv die Entwicklung einer positiv besetzten Vorstellung vom weiblichen* Geschlecht an sich. Ein positiver Zugang zur eigenen Weiblichkeit* könnte sich allerdings auch auf eine liebevolle Einstellung zum eigenen Körper auswirken, welche es leichter macht, den Verführungen der Bilder um uns herum zu widerstehen.

Seit der Erfindung von Fotografie und Film orientieren wir Menschen uns vermehrt visuell. Bilder sind ein enorm einflussreiches Medium geworden und eines, mit dem sich Geld verdienen lässt. Die Kommerzialisierung von Bildern und Schönheit kreiert Botschaften, die wir verinnerlichen. Wir schreiben Produkten bestimmte Eigenschaften zu, wie »macht erfolgreich«, »macht schön«, »macht gesund« und beziehen diese Eigenschaften auf die Menschen, die diese Produkte präsentieren. So entstehen immer wieder neue Konnotationen, die unser Schubladendenken verfestigen. Frauen* mit sichtbarer Körperbehaarung sind de facto in Werbebildern nicht zu sehen, abgesehen von den wenigen Ausnahmen, die damit polarisieren wollen. Vorausgegangen sind diesen Bildern Werbebotschaften, die haarige Frauen* denunzierten. Botschaften, die wir so verinnerlicht haben, dass es uns nicht mehr verwunderlich erscheint, warum wirklich alle Frauen* in den Medien, die nicht bewusst Rollenbilder hinterfragen, mit enthaarten Körpern dargestellt werden, obwohl der überwiegenden Mehrheit dieser Frauen* sichtbare Haare wachsen.

Dabei lässt uns die Werbung eine vermeintliche Wahl. Sie wird als eigene Entscheidung verkauft zwischen den Auswahlmöglichkeiten »es wird dir mit dem Produkt besser gehen« und »es wird dir schlechter gehen«. Susan Bordo nennt das die Rhetorik der Wahlfreiheit und Selbstbestimmung[13], welche uns eigentlich keine Wahl lässt. Nach der Machtkonzeption des Philosophen Michel Foucault zu urteilen besteht dadurch zwar eine gewisse Auswahl, aber das Individuum wird dazu ermutigt, danach zu wählen, was die meisten Vorteile bietet.[14] Die Vorteile sind allerdings oft unerreichbar, es wird ein absolutes Optimum präsentiert, mit dem es »uns besser gehen würde«. Die ständige Konfrontation damit bringt uns dazu, uns schlecht zu fühlen und uns verbessern zu wollen, weil es uns ja anscheinend noch nicht gut genug geht.[15] Es wird immer wieder auf die Unterschiede zwischen uns und dem Ideal eingegangen, anstatt die Gemeinsamkeiten oder die Schönheit im Individuum hervorzuheben.

Aber nicht nur in den Medien ist Werbung zu finden. Auch in uns selbst. Wenn die Bilder, die uns umgeben, stark sind, ist die Wahrscheinlichkeit hoch, dass wir davon beeinflusst werden und auch davon ausgehen, dass andere davon beeinflusst sind. Glauben wir also, die Person, der wir begegnen, findet die Haare an unseren Beinen abstoßend und entledigen wir uns deswegen vorsichtshalber dieser Haare, werden weder wir noch die andere Person einen neuen Blick auf die Realität erhaschen können. Wenn wir selbst schon anfangen, für etwas zu werben, indem wir Botschaften reproduzieren, sind es nicht mehr nur die Medienmachenden, die uns durch Werbung etwas verkaufen wollen, sondern wir selbst verkaufen das Ideal.

Schönheitsmythen werden heutzutage zu einem großen Teil über die Gesetze des Marktes definiert. Menschen, die ihre Produkte verkaufen wollen, benutzen Bilder, die vielleicht schon existieren, aber weiter zu einem Optimum aufpoliert werden. Damit wird Geld gemacht. Kommerzielle Medien verbreiten diese Bilder, wir verinnerlichen sie und reproduzieren sie weiter. Welche Bilder und Botschaften gesendet werden, entscheidet der Markt und demnach auch die Nachfrage. Zu einem gewissen Teil können wir als Konsument*innen also mitbestimmen, welche Bilder uns umgeben oder besser gesagt, mit welchen Bildern wir uns umgeben wollen und welche wir uns aneignen. Dafür müssen wir aber lernen, die bestehenden Bilder genau anzuschauen und kritisch zu hinterfragen.

Ein Blick voraus: Von der Sichtbarkeit diverser Körper

Ein gutes Ersatzlabel für »Feminismus« wäre »Bewegung für gleiche Rechte und Freiheiten unabhängig von Geschlecht, Sexualität und Körper«.
– Margarete Stokowski

»Wie frei können wir überhaupt werden bei unserer langen Geschichte der Unfreiheit?«, fragt Sandra Konrad in ihrem Buch *Das beherrschte Geschlecht*.[1] Wir befinden uns mitten in einem Prozess auf dem Weg zur Gleichberechtigung. Angekommen sind wir noch nicht, aber wir können selbst entscheiden, ob wir große oder kleine Schritte gehen wollen oder können. Nicht alle können, nicht alle sehen überhaupt die Notwendigkeit, auf diesem Weg mitzulaufen. Und das ist okay, wir befinden uns alle auch in unserem eigenen Prozess.

Das Spannende ist, die Definition von Gleichberechtigung ist wandelbar, sie existiert unterschiedlich in den verschiedenen Köpfen, aber sie erweitert sich auch, das Ziel weitet sich aus. Es geht nicht mehr nur darum, dass »Frauen« dieselben Rechte und Bedingungen erhalten wie »Männer«, sondern es werden immer mehr andere marginalisierte Gruppen mit eingeschlossen. Trans*, inter* und nicht-binäre Personen erfahren zunehmend Sichtbarkeit, werden erkannt als noch stärker diskriminierte Personengruppen. Es sind neue Wörter entstanden, um Menschen, die in das Identitätsklischee von »Frau« oder »Mann« nicht hineinpassen, zu benennen, wodurch neue Wege der Identitätsfindung möglich werden. Es entsteht eine größere Sensibilisierung für Benachteiligung von Menschen mit Rassismuserfahrungen oder Menschen mit Behinderungen, wenn auch in all diesen Punkten der manchmal schleichend langsame Gang des Fortschritts extrem frustrierend sein kann, vor allem, wenn es Rückschläge gibt. Die Frage ist, ob wir im Verhältnis stehend zu der langen Geschichte der Unfreiheit nicht doch auch große Schritte gemacht haben.

Trotzdem gibt es noch viel zu tun. Wenn Menschen nicht so sein und aussehen dürfen, wie sie sind und aussehen, tut das nicht nur den Diskriminierten nicht gut, sondern auch denen, die die Regeln machen und die Macht haben, zu unterdrücken. Sie drücken sich damit selbst in ein festes Rollenbild, das verhärtete Strukturen wiederkäut, und ihnen ebenso vermittelt, sie dürften nur in einer bestimmten Art und Weise sein und aussehen.

Wir sollten weiter daran arbeiten, Stereotype aufzubrechen, neue Bilder zu erschaffen und empathischer miteinander umzugehen. Wir sollten über das reden, was uns bedrückt, uns fragen, warum wir tun, was wir tun. Die Enthaarungsnorm ist eins der Symptome der strukturellen Ungleichbehandlung, ein Symptom patriarchaler Kontrolle und stereotyper Rollenbilder. Symptome zu bekämpfen, bekämpft nicht die Ursache, aber es schafft Platz und Bewusstsein und befreit im besten Fall das Individuum.

Feministinnen* wird immer wieder vorgeworfen, dass sie männer*hassend und unrasiert seien, aber es geht gar nicht darum Männer* zu hassen oder zu verurteilen, sondern auf Strukturen aufmerksam zu machen, unter denen Frauen*, Trans*- und Inter*-Personen, Nicht-Binäre sowie auch Männer* leiden können. Und es geht auch nicht darum, alle Enthaarungsutensilien zu verteufeln, sondern es geht darum, selbstbestimmt mit dem eigenen Körper umgehen zu dürfen, ohne dafür verurteilt oder beleidigt zu werden. Es geht darum, offener zu werden für die Vielfalt der Menschen, für die Vielfalt von Räumen, in denen sich alle Menschen bewegen dürfen, für die Vielfalt von Körpern und Körperfunktionen, von Empfindungen und Bedeutungen, für die Vielfalt von Schönheit, für die Vielfalt von Bildern in unseren Köpfen, die alle nebeneinander existieren und sich gegenseitig inspirieren dürfen. Vielfalt ist eine Bereicherung. Vielfalt schafft Freiheiten.

Stellen wir uns vor, das Ideal von haarlosen Frauen* würde sich in ein Ideal von besonders haarigen Frauen* umkehren. Stellen wir uns ein Freibad vor, in dem sich gegenseitig abgecheckt wird. Es wird geschaut und gesponnen, wer hat die längste Haarpracht zu bieten? Unter welcher Achsel wächst der größte Busch? Welcher Beinbewuchs ist der dichteste? Aus welchem Bikini kräuselt sich am meisten? Ich würde jetzt sofort ins Freibad gehen und meine Pracht zur Schau stellen, viele bewundernde Blicke ernten und bestimmt auch viele Fragen bekommen, wie ich es nur schaffen würde, dass mir so viele Haare wachsen.

Eine Lösung wäre das nicht. Ich würde mich wieder nur zeigen, um anderen zu gefallen oder um anderen zu zeigen, dass ich anderen gefalle. Um mich begehrenswert zu machen. Und schon wäre ich wieder in der Objektifizierungsschiene, aus der ich mich eigentlich befreien möchte.

Viel schöner wäre es doch, wenn ich gar nicht irgendwie aussehen müsste, um mich im Freibad wohlzufühlen. Wenn mein Aussehen mir nicht mal in den Sinn kommen würde, wenn Freund*innen mich fragen, ob ich gleich noch mit ins Freibad möchte. Vom Sofa aufgestanden, Bikini eingepackt, Handtuch dazu und los geht's.

Ich würde ein Freibad betreten, in dem es von unterschiedlichen Körperformen, Körperfarben und körperlichen Funktionsweisen nur so wimmelt. Manche sind geschminkt, manche nicht, manche haben einen Sonnenbrand oder Narben, manche haben Haare auf dem Kopf, manche nicht, manche tragen eine religiöse Kopfbedeckung, manche nicht, manche sind besonders haarig, manche weniger, manche gar nicht, an allen Körperstellen sind Haare sichtbar oder nicht, die Körperhaarlängen variieren zwischen null Millimetern und vielen Zentimetern. Obwohl ich dann vielleicht doch Ausschau halten würde nach besonders bewachsenen Personen, um sie aufgeregt zu fragen, wie sie es nur schaffen, dass ihnen so viele Haare wachsen.

Der Blog: Erzähle deine eigene Geschichte

Dieses Buch hat nicht den Anspruch vollständig zu sein. Es gibt noch viele weitere Geschichten, Erfahrungen und Bilder zur weiblichen* Körperbehaarung. Wenn du dich in diesem Buch nicht wiederfindest oder du einfach deine Geschichte erzählen möchtest, bist du herzlich eingeladen, deine eigenen Erfahrungen sichtbar zu machen.

Das Projekt läuft auf einem Blog weiter. Dort hast du die Möglichkeit, weitere Beiträge zu lesen und aktiv mitzugestalten – in Form eines Textes, gemalten Bildes oder Fotos.

Wir lesen uns auf:

www.superhairywoman.com

ECA-ATTE

Danksagung

Mein größter Dank geht an all die Menschen, die bisher an diesem Projekt teilgenommen und mir ihr Vertrauen entgegen gebracht haben. Ihr seid das Herzstück dieses Buches und habt jetzt schon vieles bewegt und wachsen lassen.

Ebenso danke an die Frau* auf dem Bahnsteig sowie alle Frauen*, die mir haarig begegnet sind und mir Mut gemacht haben. Danke an alle Gesprächspartner*innen, Freund*innen, an all die Menschen, die in Diskurs gegangen sind und mich inspirierten. Es ist immer wieder erstaunlich, wie schnell ein Zwischen-Tür-und-Angel-Gespräch durch das Thematisieren von so etwas Oberflächlichem wie Körperhaare an Tiefe gewinnt.

Besonderer Dank geht an meine Mama, die mir so lange peinlich war und die ich mittlerweile nur noch bewundern kann. An meinen Papa, der mir früher gerne »die Welt erklärte« und heute noch jedes Gespräch auf ein neues Level hebt. An Dolo, meinen Herzensmenschen, die es vermag, mich immer wieder auf die richtige Spur zu bringen und mit der Kornblumen Mohnblumen sind – thanks buddy! An meine Oma und Hartmut, die so einen großartigen Lebensraum geschaffen haben, in dem das Projekt ihren Anfang nehmen konnte, ohne, dass es den beiden bewusst war. In Gedenken auch an MM&D, die immer irgendwie da sind und dieses Buch bestimmt mit größter Herzensfreude gelesen hätten. An alle Lektor*innen im Kleinen und Großen für eure geschenkte Zeit und all die wertvollen Anregungen. An Katja – welch Freude bald ein haariges Theaterstück mit dir zu gestalten! Danke an das gesamte Ventil-Team und Moni für die Zusammenarbeit, eure Gedanken und Ideen, das coole Layout und das schnelle Vertrauen!

An Manni, dem ich seit der Grundschule mein erstes Buch widmen wollte – verrückt, hier ist es und es handelt gar nicht von sprechenden Pferden und schwarzen Tigern. Danke für eure Unterstützung!

Und all den anderen Menschen, die mich begleiten, ein riesen Danke für's stetige miteinander und voneinander Lernen und für die Momente, in denen das Leben glitzert. Emaho!

Anhang

Bildverzeichnis

Fotos
Lex Van Cauwenberge: S. 23, 68, 69, 85, 112/113, 126, 139, 155/156, 165, 181, 187, 214
Anna C. Paul: S. 1, 37, 44/45, 98, 122, 140, 161
D. Birk: S. 4

Comics/Illustration
Zora Rux: S. 57–61, 94, 105, 166, 175
Anna C. Paul: S. 212

Bildbearbeitung
Robin Jonasch: S. 1, 23, 37, 44/45, 57–61, 68, 69, 85, 94, 98, 105, 112/113, 122, 139, 140, 155/156, 161, 166, 175, 214
Lex Van Cauwenberge: S. 126, 165, 181, 187

Quellennachweise

Auf der Suche nach Bildern: Von der Sichtbarkeit des Unsichtbaren

Zitat Petra Collins gefunden in: Konrad (2018), S. 311
1 Vgl. z.B. Toerien und Wilkinson (2013), S. 334
2 Vgl. *Haus des Geldes*, Teil 3, Folge 3
3 Vgl. weiterführend Gerhalter (2007), S. 95
4 Vgl. *Die Simpsons*, Staffel 13, Folge 14
5 Vgl. Byström und Soda (2016)
6 Vgl. Stern (2017)
7 Vgl. Schmid und Müllender (2019), S. 174
8 Vgl. Staib (1991), S. 9
9 Vgl. Nonnenmacher (2018) und Staib (1991), S. 22
10 Posch (2009), S. 122
11 Vgl. Herzig (2015), S. 116
12 Vgl. Lesnik-Oberstein (2006), S. 2
13 Posch (2009), S. 12
14 Dines (2014), S. 172
15 Gottschalk (2012), S. 60
16 Vgl. weiterführend Staib (1991), S. 91
17 Dines (2014), S. 190

Auf der Suche nach Antworten: Hintergründe und Erklärungsversuche zur weiblichen* Haarlosigkeit

Zitat Kristina Lang gefunden in: Peters (2019)

Ein Blick zurück: Enthaarte Körper im historischen Kontext

Zitat Arthur Schopenhauer gefunden in: Schmid und Müllender (2019), S. 30

1 Vgl. Schmid und Müllender (2019), S. 185

2 Vgl. Matteo (2019) und Bainbridge (2018)

3 Vgl. Staib (1991), S. 33 und Bolt (2001), S. 149

4 Staib (1991), S. 33

5 Vgl. Staib (1991), S. 30

6 Volland (1997), S. 199

7 Vgl. Matteo (2019)

8 Ebd.

9 Vgl. Schmid und Müllender (2019), S. 246

10 Gefunden in Vogt-Lüerssen (1999–2021)

11 Vgl. Gnegel (1995), S. 124 ff.

12 Volland (1997), S. 201

13 Vgl. Volland (1997), S. 201 ff.

14 Staib (1991), S. 35

15 Vgl. Bolt (2001), S. 86

16 Vgl. Herzig (2015), S. 37 f.

17 Vgl. Gnegel (1995), S. 126 ff.

18 Vgl. Bolt (2001), S. 36 und Volland (1997), S. 203

19 Staib (1991), S. 38

20 Vgl. Staib (1991), S. 35 ff.

21 Vgl. Matteo (2019)

22 Vgl. Staib (1991), S. 35

23 Vgl. Gnegel (1995), S. 129 ff.

24 Vgl. Herzig (2015), S. 19 f.

25 Vgl. Bolt (2001), S. 56 und Herzig (2015), S. 37 f.+40

26 Aus dem Englischen übersetzt, vgl. Herzig (2015), S. 42

27 Vgl. Herzig (2015), S. 39–50 und Matteo (2019)

28 Vgl. Herzig (2015), S. 81 f.

29 Ebd., S. 82+87

30 Ebd., S. 90+43

31 Ebd., S. 119

32 Vgl. Matteo (2019) und Herzig (2015), S. 119 ff.

33 Vgl. Edwards (2015)

34 Vgl. Herzig (2015), S. 76 f.

35 Ebd., S. 80+119

36 Vgl. Matteo (2019)

37 Vgl. Herzig (2015), S. 124

38 Ebd., S.126

39 Vgl. Posch (2009), S. 124 und Matteo (2019)

40 Vgl. Posch (2009), S. 124

41 Vgl. Bolt (2001), S. 82

42 Vgl. Herzig (2015), S. 75

43 Ebd., S. 92 f.

44 Ebd., S. 95

45 Ebd., S. 78

46 Vgl. Edwards (2015)

47 Aus dem Englischen übersetzt, vgl. Edwards (2015)

48 Vgl. Herzig (2015), S. 126 f.

49 Vgl. Edwards (2015) und Posch (2009), S.124

50 Vgl. Matteo (2019)

51 Vgl. Edwards (2015)

52 Vgl. Bolt (2001), S. 56

53 Vgl. Staib (1991), S. 44 f.

54 Vgl. Hahn (1954), S. 39

55 Vgl. Posch (2009), S. 124

56 Vgl. Herzig (2015), S. 127

57 Aus dem Jahr 1965, gefunden in Staib (1991), S. 43

58 Aus dem Jahr 1973, gefunden in Staib (1991), S. 64

59 gefunden in Staib (1991), S. 90

60 Vgl. Gottschalk (2012), S. 59 f.

61 Vgl. Peters (2019)

62 Vgl. Dines (2014), S. 172+178

63 Vgl. Lehner (2017), S. 2

64 Ebd., S. 56

65 Vgl. Saul (2014) und Lehner (2017), S. 19 f.

66 Vgl. Lehner (2017), S. 19

67 Vgl. z. B. diepresse (2019) und Gala (2016) und InTouch (2016)

68 Vgl. Billie (2018)

Das Weiblichkeits*ideal und warum es unserer Wahlfreiheit im Weg steht

Zitat Sara Ahmed gefunden in: Ahmed (2017), S. 28

1 Vgl. Krupnick (2013)

2 Vgl. Peters (2019)

3 Vgl. Bolt (2001), S. 62

4 Vgl. Lesnik-Oberstein (2006), S. 3 f.

5 Vgl. weiterführend Toerien und Wilkinson (2004), v.a. S. 88 f.

6 Wolf (1996), S. 13, gefunden in Stokowski (2018), S. 162

7 Vgl. weiterführend Lesnik-Oberstein (2006), S. 9

8 Vgl. Bolt (2001), S. 10 und Staib (1991), S. 26

9 Vgl. Uni Münster (2017)

10 Vgl. Dines (2014), u.a. S. 21 ff.

11 Vgl. Konrad (2018), S. 308 und weiterführend Bolt (2001), S. 89

12 Bolt (2001), S. 83, Vgl. auch Toerien und Wilkinson (2003), S. 334

13 Rhetoric of ›choice‹ and ›self-determination‹, gefunden in Lesnik-Oberstein (2006), S. 6

14 Vgl. auch Lehner (2017), S. 44 und weiterführend Foucault (2019), S. 255 ff.

15 Vgl. Lehner (2017), S. 55 f. und weiterführend Mettee und Smith (1977), S. 80 f. und Gläßel (2018), S. 58 ff.

Ein Blick voraus: Von der Sichtbarkeit diverser Körper

Zitat Margarete Stokowski gefunden in: Stokowski (2018), S. 56

1 Konrad (2018), S. 304, gefunden in Lewina (2020), S. 57

Literaturverzeichnis

Ahmed, Sara: *Feministisch leben! – Manifest für Spaßverderberinnen.* Münster: UNRAST-Verlag 2017.

Bainbridge, Danielle: *Why Do Women Shave Their Legs?* YouTube Kanal *Origin of Everything.* 2018. https://www.youtube.com/watch?v=27X9ULdyheg (aufgerufen am 30.04.2021)

Billie: *Project Body Hair by Billie.* YouTube-Kanal *Billie.* 2018. www.youtube.com/watch?v=hG0b695zPN0 (aufgerufen am 30.04.2021)

Bolt, Nina: *Haare – Eine Kulturgeschichte der wichtigsten Hauptsache der Welt.* Bergisch Gladbach: Verlagsgruppe Lübbe 2001.

Byström, Arvida und Soda, Molly: *Pics or It Didn't Happen.* München, London, New York: Prestel Verlag 2016.

diepresse online: *Nike zeigt Achselhaare und erntet Shitstorm.* 2019. www.diepresse.com/1593983/nike-zeigt-achselhaare-und-erntet-shitstorm# (aufgerufen am 30.04.2021)

Dines, Gail: *Pornland – Wie die Pornoindustrie uns unserer Sexualität beraubt.* Mainz: Verlag André Thiele 2014.

Edwards, Phil: *How the beauty industry convinced women to shave their legs.* 2015. www.vox.com/2015/5/22/8640457/leg-shaving-history (aufgerufen am 30.04.2021)

Foucault, Michel: *Analytik der Macht.* Frankfurt am Main: Suhrkamp Verlag 2019, 8. Aufl.

Gala online: *Heidi Klum – Haarige Angelegenheit.* 2016. https://www.gala.de/beauty-fashion/beauty/heidi-klum--haarige-angelegenheit-20284226.html (aufgerufen am 30.04.2021)

Gerhalter, Li: *Wie Angora – Körperbehaarung ist out – und krause Politik.* In: Eismann, Sonja (Hg.): *Hot Topic – Popfeminismus heute,* S. 90–99. Mainz: Ventil Verlag 2007.

Gläßel, Maria-Lena: *Werbeopfer Frau? Beeinflussung weiblicher Körperwahrnehmung durch die Schönheitsideale in der Werbung.* Marburg: Büchner-Verlag 2018.

Gnegel, Frank: *Bart ab – Zur Geschichte der Selbstrasur.* Köln: DuMont 1995.

Gottschalk, Katrin: *Ich Affe, du Nacktmull – Der Sommer steht vor der Tür und wieder werden die Damen unter uns Stunden mit Rasieren, Epilieren, Waxen und Lasern verbringen. Warum eigentlich?* In: *Missy Magazine #02 2012.*

Hahn, Arletta: *Sei auch du gepflegt und schön!* Bonn: Wilhelm Stollfuss Verlag 1954, 3. Aufl.

Herzig, Rebecca M.: *Plucked – A History of Hair Removal.* New York: New York University Press 2015.

InTouch online: *Ex-Hefner-Playmate Kendra Wilkinson zeigt ihre unrasierten Achseln.* 2016. https://intouch.wunderweib.de/ex-hefner-playmate-kendra-wilkinson-zeigt-ihre-unrasierten-achseln-60790.html (aufgerufen am 30.04.2021)

Konrad, Sandra: *Das beherrschte Geschlecht – Warum sie will, was er will.* München: Piper Verlag 2018, 2. Aufl.

Krupnick, Ellie: *Average Time Spent Shaving Legs In A Lifetime? 72 Days, New Survey Says.* 2013. www.huffpost.com/entry/average-time-spent-shaving-legs_n_3063127 (aufgerufen am 30.04.2021)

Lehner, Karin: *Die Selbstdarstellung von weiblicher Körperbehaarung in Instagram.* Magisterarbeit Universität Wien 2017. Online abrufbar: https://othes.univie.ac.at/45647/ (aufgerufen am 30.04.2021)

Lesnik-Oberstein, Karin: *The last taboo – Women and body hair.* Manchester: Manchester University Press 2006.

Lewina, Katja: *Sie hat Bock.* Köln: DuMont 2020.

Matteo, Virginia: *When Did Women Start Shaving? The History of Female Hair Removal.* 2019. https://owlcation.com/humanities/When-Did-Women-Start-Shaving-The-Painful-History-of-Female-Depilation (aufgerufen am 30.04.2021)

Mettee, David R. und Smith, Gregory: *Social Comparison and Interpersonal Attraction: The Case for Dissimilarity.* In: Suls, Jerry M. und Miller, Richard L. (Hg.): *Social Comparison Processes – Theoretical an Empirical Perspectives,* S.69-101. Washington: Hemisphere Publishing Corporation 1977.

Nonnenmacher, Dr. med.: *Damenbart.* 2018. https://gesundpedia.de/Damenbart (aufgerufen am 30.04.2021)

Peters, Andrea: *Wohl und Wehe des haarlosen Körpers.* WDR5 Neugier genügt vom 14.08.2019.

Posch, Waltraud: *Projekt Körper – Wie der Kult um die Schönheit unser Leben prägt.* Frankfurt/Main: Campus Verlag 2009.

Saul, Heather: *Veet ›don't risk dudeness‹ ad prompts outrage for suggesting women with body hair are more masculine.* 2014. www.independent.co.uk/news/world/americas/veet-don-t-risk-dudeness-ad-prompts-outrage-suggesting-women-body-hair-are-more-masculine-9248943.html (aufgerufen am 30.04.2021)

Schmid, Anka und Müllender, Bernd: *Haarig! Revolte, Magie, Erotik – Geschichten vom feinsten Körperteil.* Aarau, München: Edition Zeitblende im AT Verlag 2019.

Staib, Margitta: *Die enthaarte Frau – Körper und Gesichtsbehaarung.* München: Verlag Antje Kunstmann 1991.

Stern online: *Model zeigt Haare an den Beinen und wird mit Vergewaltigung bedroht.* 2017. www.stern.de/neon/magazin/arvida-bystroem-model-wird-mit-vergewaltigung-bedroht-wegen-foto-mit-haaren-an-den-beinen-7651372.html (aufgerufen am 30.04.2021)

Stokowski, Margarete: *Die letzten Tage des Patriarchats.* Reinbek bei Hamburg: Rowohlt Verlag 2018, 3. Aufl.

Toerien, Merran und Wilkinson, Sue: *Gender and body hair: Constructing the feminine woman.* In: *Women's Studies International Forum, Vol. 26, No. 4,* S. 333–344. Elsevier Ltd. 2003.

Toerien, Merran und Wilkinson, Sue: *Exploring the depilation norm: a qualitative questionnaire study of women's body hair removal.* In: *Qualitative Research in Psychology 2004: 1:* S. 69–92. 2004.

Uni Münster online: *Pornografie im Internet: Kinder sehen früh und ungewollt Hardcore-Filme.* 2017. www.uni-muenster.de/news/view.php?cmdid=9182 (aufgerufen am 30.04.2021)

Vogt-Lüerssen, Maike: *Die Sexualität und die Liebe im alltäglichen Leben der Bauern, Bürger und Adeligen.* 1999-2021. http://www.kleio.org/de/geschichte/mittelalter/alltag/kap_v45/ (aufgerufen am 30.04.2021)

Volland, Gerlinde: *Zwischen Weiblichkeit und Männlichkeit – Behaarte Frauen in der europäischen Kunst vom Mittelalter bis zum Barock.* In: Völger, Gisela (Hg.): *Sie und Er – Frauenmacht und Männerherrschaft im Kulturvergleich Bd.2.* S.193-204. Köln: Rautenstrauch-Joest-Museum 1997.

Wolf, Naomi: *Der Mythos Schönheit.* Reinbek bei Hamburg: Rowohlt Verlag 1996, 18.–20. Tausend.

Pia Klemp

ENTLARVUNG

Der neue Roman der bekannten politischen Aktivistin

Feustel/Grochol/Prüwer/Reif (Hg.)

WÖRTERBUCH DES BESORGTEN BÜRGERS

Eine bissige Analyse des Sprachgebrauchs unserer besorgten Mitbürger

Schmidt/Nagel/Engelmann (Hg.)

PLAY GENDER

Linke Praxis – Feminismus - Kulturarbeit

Veronika Kracher

INCELS

Geschichte, Sprache und Ideologie eines Online-Kults